LES HORACES

TRAGÉDIE EN CINQ ACTES

DE ~~RACINE~~ Corneille

REPRÉSENTÉE, POUR LA PREMIÈRE FOIS, SUR LE THÉATRE DE L'HÔTEL DE BOURGOGNE, PAR LA TROUPE ROYALE, EN 1639.

PARIS
MICHEL LÉVY FRÈRES, LIBRAIRES-ÉDITEURS
RUE VIVIENNE, 2 BIS.
1851.

RACHEL.

LES HORACES

TRAGÉDIE EN CINQ ACTES

DE P. CORNEILLE

REPRÉSENTÉE, POUR LA PREMIÈRE FOIS, SUR LE THÉATRE DE L'HÔTEL DE BOURGOGNE, PAR LA TROUPE ROYALE, EN 1639.

PARIS

MICHEL LÉVY FRÈRES, LIBRAIRES-ÉDITEURS

RUE VIVIENNE, 2 BIS.

1851.

Distribution de la pièce.

TULLE, roi de Rome.		
Le VIEIL HORACE, chevalier romain.	MM.	CHOTEL.
Le JEUNE HORACE, son fils. . . .		LONGPRÉ.
CURIACE, gentilhomme d'Albe, amant de Camille.		RAPHAEL.
VALÈRE, chevalier romain, amoureux de Camille.		POULAIN.
FLAVIAN, soldat de l'armée d'Albe. .		GAUTHIER.
PROCULE, soldat de l'armée de Rome, personnage muet.		
CAMILLE, amante de Curiace, et sœur d'Horace.	Mlles	RACHEL.
SABINE, femme d'Horace, et sœur de Curiace.		JOUASSIN.
JULIE, dame romaine, confidente de Sabine et de Camille.		PALMYRE.
GARDES.		

La scène est à Rome, dans une salle de la maison d'Horace.

LES HORACES.

ACTE PREMIER.

SCÈNE PREMIÈRE.

JULIE, SABINE.

SABINE.

Approuvez ma faiblesse, et souffrez ma douleur;
Elle n'est que trop juste en un si grand malheur :
Si près de voir sur soi fondre de tels orages,
L'ébranlement sied bien aux plus fermes courages;
* Et l'esprit le plus mâle et le moins abattu
* Ne saurait sans désordre exercer sa vertu.
* Quoique le mien s'étonne à ces rudes alarmes,
* Le trouble de mon cœur ne peut rien sur mes larmes;
* Et parmi les soupirs qu'il pousse vers les cieux,
* Ma constance du moins règne encor sur mes yeux.
* Quand on arrête là les déplaisirs d'une âme,
* Si l'on fait moins qu'un homme, on fait plus qu'une femme.

* Les vers précédés d'un * (astérisque) ne se disent point à la représentation.

Commander à ses pleurs en cette extrémité,
C'est montrer, pour le sexe, assez de fermeté.

JULIE.

C'en est peut-être assez pour une âme commune,
Qui du moindre péril se fait une infortune;
Mais de cette faiblesse un grand cœur est honteux,
Il ose espérer tout dans un succès douteux.
Les deux camps sont rangés au pied de nos murailles;
Mais Rome ignore encor comme on perd des batailles;
Loin de trembler pour elle, il lui faut applaudir :
Puisqu'elle va combattre, elle va s'agrandir.
Bannissez, bannissez une frayeur si vaine,
Et conservez des vœux dignes d'une Romaine.

SABINE.

Je suis Romaine, hélas! puisque Horace est Romain;
J'en ai reçu le titre en recevant sa main;
Mais ce nœud me tiendrait en esclave enchaînée,
S'il m'empêchait de voir en quels lieux je suis née.
Albe, où j'ai commencé de respirer le jour,
Albe, mon cher pays et mon premier amour,
Lorsque entre nous et toi je vois la guerre ouverte,
Je crains notre victoire autant que votre perte.
Rome, si tu te plains que c'est là te trahir,
Fais-toi des ennemis que je puisse haïr.
Quand je vois de tes murs leur armée et la nôtre,
Mes trois frères dans l'une, et mon mari dans l'autre,
Puis-je former des vœux, et sans impiété
Importuner le ciel pour ta félicité?
Je sais que ton État, encore en sa naissance,
Ne saurait sans la guerre affermir sa puissance :
Je sais qu'il doit s'accroître, et que tes grands destins
Ne le borneront pas chez les peuples latins;
Que les dieux t'ont promis l'empire de la terre,
Et que tu n'en peux voir l'effet que par la guerre.
Bien loin de m'opposer à cette noble ardeur
Qui suit l'arrêt des dieux et court à la grandeur,
Je voudrais déjà voir tes troupes couronnées

D'un pas victorieux franchir les Pyrénées.
Va jusqu'en l'Orient pousser tes bataillons,
Va sur le bord du Rhin planter tes pavillons,
Fais trembler sous tes pas les colonnes d'Hercule ;
Mais respecte une ville à qui tu dois Romule :
Ingrate, souviens-toi que du sang de ses rois
Tu tiens ton nom, tes murs et tes premières lois.
Albe est ton origine ; arrête, et considère
Que tu portes le fer dans le sein de ta mère.
Tourne ailleurs les efforts de tes bras triomphants,
Sa joie éclatera dans l'heur de ses enfants.
Et, se laissant ravir à l'amour maternelle,
Ses vœux seront pour toi, si tu n'es plus contre elle.

JULIE.

Ce discours me surprend, vu que, depuis le temps
Qu'on a contre son peuple armé nos combattants,
Je vous ai vu pour elle autant d'indifférence
Que si d'un sang romain vous aviez pris naissance.
J'admirais la vertu qui réduisait en vous
Vos plus chers intérêts à ceux de votre époux;
Et je vous consolais au milieu de vos plaintes,
Comme si notre Rome eût fait toutes vos craintes.

SABINE.

Tant qu'on ne s'est choqué qu'en de légers combats,
Trop faibles pour jeter un des partis à bas ;
Tant qu'un espoir de paix a pu flatter ma peine,
Oui, j'ai fait vanité d'être toute Romaine.
Si j'ai vu Rome heureuse avec quelque regret,
Soudain j'ai condamné ce mouvement secret ;
Et si j'ai ressenti dans ses destins contraires
Quelque maligne joie en faveur de mes frères,
Soudain pour l'étouffer rappelant ma raison,
J'ai pleuré quand la gloire entrait dans leur maison.
Mais aujourd'hui qu'il faut que l'un ou l'autre tombe,
Qu'Albe devienne esclave, ou que Rome succombe,
Et qu'après la bataille il ne demeure plus
Ni d'obstacle aux vainqueurs, ni d'espoir aux vaincus,

J'aurais pour mon pays une cruelle haine
Si je pouvais encore être toute Romaine,
Et si je demandais votre triomphe aux dieux,
Au prix de tant de sang qui m'est si précieux.
Je m'attache un peu moins aux intérêts d'un homme ;
Je ne suis point pour Albe, et ne suis plus pour Rome ;
Je crains pour l'une et l'autre en ce dernier effort,
Et serai du parti qu'affligera le sort.
Égale à tous les deux jusques à la victoire,
Je prendrai part aux maux, sans en prendre à la gloire ;
Et je garde, au milieu de tant d'âpres rigueurs,
Mes larmes aux vaincus, et ma haine aux vainqueurs.

JULIE.

Qu'on voit naître souvent de pareilles traverses !
En des esprits divers, des passions diverses !
Et qu'à nos yeux Camille agit bien autrement !
Son frère est votre époux, le vôtre est son amant ;
Mais elle voit d'un œil bien différent du vôtre
Son sang dans une armée, et son amour dans l'autre.
Lorsque vous conserviez un esprit tout romain,
Le sien irrésolu, le sien tout incertain,
De la moindre mêlée appréhendait l'orage,
De tous les deux partis détestait l'avantage,
Au malheur des vaincus donnait toujours ses pleurs
Et nourrissait ainsi d'éternelles douleurs.
Mais hier, quand elle sut qu'on avait pris journée,
Et qu'enfin la bataille allait être donnée
Une soudaine joie éclatant sur son front...

SABINE.

Ah ! je crains, Julie, un changement si prompt !
Hier, dans sa belle humeur, elle entretint Valère :
Pour ce rival, sans doute, elle quitte mon frère ;
Son esprit, ébranlé par les objets présents,
Ne trouve point d'absent aimable après deux ans.
Mais excusez l'ardeur d'une amour fraternelle :
Le soin que j'ai de lui me fait tout craindre d'elle,
Je forme des soupçons d'un trop léger sujet ;

Près d'un jour si funeste on change peu d'objet.
Les âmes rarement sont de nouveau blessées ;
Et dans un si grand trouble on a d'autres pensées :
Mais on n'a pas aussi de si doux entretiens,
Ni des contentements qui soient pareils aux siens.

JULIE.

Les causes, comme à vous, m'en semblent fort obscures;
Je ne me satisfais d'aucunes conjectures.
C'est assez de constance, en un si grand danger,
Que de le voir, l'attendre, et ne point s'affliger;
Mais certes c'en est trop d'aller jusqu'à la joie.

SCÈNE II.

JULIE, SABINE, CAMILLE.

SABINE.

Voyez qu'un bon génie à propos nous l'envoie,
Essayez sur ce point à la faire parler;
Elle vous aime assez pour ne vous rien céler.
Je vous laisse.

(A Camille.)

Ma sœur entretenez Julie.
J'ai honte de montrer tant de mélancolie;
Et mon cœur, accablé de mille déplaisirs,
Cherche en la solitude à cacher ses soupirs.

(Elle sort.)

SCÈNE III.

JULIE, CAMILLE.

CAMILLE.

Qu'elle a tort de vouloir que je vous entretienne !
Croit-elle ma douleur moins vive que la sienne;
Et que, plus insensible à de si grands malheurs,
A mes tristes discours je mêle moins de pleurs?
De pareilles frayeurs mon âme est alarmée;
Comme elle je perdrai dans l'une et l'autre armée;
Je verrai mon amant, mon plus unique bien,
Mourir pour son pays, ou détruire le mien;
Et cet objet d'amour devenir pour ma peine
Digne de mes soupirs, ou digne de ma haine.
Hélas !

JULIE.

Elle est pourtant plus à plaindre que vous.
On peut changer d'amant, mais non changer d'époux.
Oubliez Curiace, et recevez Valère,
Vous ne tremblerez plus pour le parti contraire,
Vous serez toute nôtre, et votre esprit remis
N'aura plus rien à perdre au camp des ennemis.

CAMILLE.

Donnez-moi des conseils qui soient plus légitimes,
Et plaignez mes malheurs sans m'ordonner des crimes.
Quoiqu'à peine à mes maux je puisse résister,
J'aime mieux les souffrir que de les mériter.

JULIE.

Quoi ! vous appelez crime un change raisonnable?

CAMILLE.

Quoi ! le manque de foi vous semble pardonnable?

JULIE.

Envers un ennemi qui peut nous obliger?

CAMILLE.

D'un serment solennel qui peut nous dégager?

JULIE.

Vous déguisez en vain une chose trop claire :
Je vous vis encore hier entretenir Valère ;
Et l'accueil gracieux qu'il recevait de vous
Lui permet de nourrir un espoir assez doux.

CAMILLE.

Si je l'entretins hier, et lui fis bon visage,
N'en imaginez rien qu'à son désavantage,
De mon contentement un autre était l'objet;
Mais pour sortir d'erreur sachez-en le sujet.
Je garde à Curiace une amitié trop pure,
Pour souffrir plus longtemps qu'on m'estime parjure.
Il vous souvient qu'à peine on voyait de sa sœur
Par un heureux hymen mon frère possesseur,
Quand, pour comble de joie, il obtint de mon père
Que de ses chastes feux je serais le salaire.
Ce jour nous fut propice et funeste à la fois;
Unissant nos maisons, il désunit nos rois;
Un même instant conclut notre hymen et la guerre,
Fit naître notre espoir et le jeta par terre ;
Nous ôta tout sitôt qu'il nous eut tout promis,
Et, nous faisant amants, il nous fit ennemis.
Combien nos déplaisirs parurent lors extrêmes!
Combien contre le ciel il vomit de blasphèmes!
Et combien de ruisseaux coulèrent de mes yeux!
Je ne vous le dis point, vous vîtes nos adieux.
Vous avez vu depuis les troubles de mon âme;
Vous savez pour la paix quels vœux a faits ma flamme
Et quels pleurs j'ai versés à chaque événement,
Tantôt pour mon pays, tantôt pour mon amant.
Enfin mon désespoir, parmi ces longs obstacles,
M'a fait avoir recours à la voix des oracles.
Écoutez si celui qui me fut hier rendu

Eut droit de rassurer mon esprit éperdu.
Ce Grec si renommé, qui depuis tant d'années
Au pied de l'Aventin prédit nos destinées;
Lui qu'Apollon jamais n'a fait parler à faux,
Me promit par ces vers la fin de mes travaux :
« Albe et Rome demain prendront une autre face;
» Tes vœux sont exaucés, elles auront la paix;
» Et tu seras unie avec ton Curiace,
» Sans qu'aucun mauvais sort t'en sépare jamais. »
Je pris sur cet oracle une entière assurance,
Et comme le succès passait mon espérance,
J'abandonnai mon âme à des ravissements
Qui passaient les transports des plus heureux amants.
Jugez de leur excès. Je rencontrai Valère,
Et contre sa coutume il ne put me déplaire:
Il me parla d'amour sans me donner d'ennui;
Je ne m'aperçus pas que je parlais à lui;
Je ne lui pus montrer de mépris ni de glace;
Tout ce que je voyais me semblait Curiace,
Tout ce qu'on me disait me parlait de ses feux,
Tout ce que je disais l'assurait de mes vœux,
Le combat général aujourd'hui se hasarde.
J'en sus hier la nouvelle, et je n'y pris pas garde;
Mon esprit rejetait ces funestes objets,
Charmé des doux pensers d'hymen et de la paix.
La nuit a dissipé des erreurs si charmantes;
Mille songes affreux, mille images sanglantes,
Ou plutôt mille amas de carnage et d'horreur,
M'ont arraché ma joie, et rendu ma terreur.
J'ai vu du sang, des morts, et n'ai rien vu de suite;
Un sceptre en paraissant prenait soudain la fuite,
Ils s'effaçaient l'un l'autre, et chaque illusion
Redoublait mon effroi par sa confusion.

JULIE.

C'est en contraire sens qu'un songe s'interprète.

CAMILLE.

Je le dois croire ainsi, puisque je le souhaite :
Mais je me trouve enfin, malgré tous mes souhaits,

Au jour d'une bataille, et non pas d'une paix.

JULIE.

Par là finit la guerre, et la paix lui succède.

CAMILLE.

Dure à jamais le mal, s'il y faut ce remède!
Soit que Rome y succombe, ou qu'Albe ait le dessous,
Cher amant, n'attends plus d'être un jour mon époux;
Jamais, jamais ce nom ne sera pour un homme
Qui soit ou le vainqueur, ou l'esclave de Rome.

SCÈNE IV.

JULIE, CAMILLE, CURIACE.

CAMILLE.

Mais quel objet nouveau se présente en ces lieux?
Est-ce toi, Curiace? en croirai-je mes yeux?

CURIACE.

N'en doutez point, Camille, et revoyez un homme
Qui n'est ni le vainqueur, ni l'esclave de Rome.
Cessez d'appréhender de voir rougir mes mains
Du poids honteux des fers, ou du sang des Romains.
J'ai cru que vous aimiez assez Rome et la gloire
Pour mépriser ma chaîne et haïr ma victoire;
Et comme également en cette extrémité
Je craignais la victoire et la captivité...

CAMILLE.

Curiace, il suffit, je devine le reste.
Tu fuis une bataille à tes yeux si funeste.
Et ton cœur tout à moi pour ne me perdre pas,
Dérobe à ton pays le secours de ton bras.
Qu'un autre considère ici ta renommée,
Et te blâme s'il veut de m'avoir trop aimée,

Ce n'est point à Camille à t'en mésestimer ;
Plus ton amour paraît, plus elle doit t'aimer;
Et si tu dois beaucoup aux lieux qui t'ont vu naître,
Plus tu quittes pour moi, plus tu le fais paraître.
Mais as-tu vu mon père ? et peut-il endurer
Qu'ainsi dans sa maison tu t'oses retirer ?
Ne préfère-t-il point l'État à sa famille ?
Ne regarde-t-il point Rome plus que sa fille ?
Enfin, notre bonheur est-il bien affermi?
T'a-t-il vu comme gendre ou bien comme ennemi?

CURIACE.

Il m'a vu comme gendre avec une tendresse
Qui témoignait assez une entière allégresse,
Mais il ne m'a point vu, par une trahison,
Indigne de l'honneur d'entrer dans sa maison.
Je n'abandonne point l'intérêt de m'a ville ;
J'aime encor mon honneur en adorant Camille.
Tant qu'a duré la guerre on m'a vu constamment
Aussi bon citoyen que véritable amant.
D'Albe avec mon amour j'accordais la querelle ;
Je combattais pour vous en soupirant pour elle ;
Je soupirais pour elle en combattant pour vous ;
Et s'il fallait encor que l'on en vint aux coups,
Oui, malgré les désirs de mon âme charmée,
Si la guerre durait, je serais dans l'armée :
C'est la paix qui chez vous me donne un libre accès :
La paix à qui nos feux doivent ce beau succès.

CAMILLE.

La paix ! et le moyen de croire un tel miracle ?

JULIE.

Camille, pour le moins croyez-en votre oracle.
Et sachons pleinement par quels heureux effets
L'heure d'une bataille a produit cette paix.

CURIACE.

L'aurait-on jamais cru ! Déjà les deux armées,
D'une égale chaleur au combat animées,
Se menaçaient des yeux, et, marchant fièrement,
N'attendaient pour donner que le commandement,

Quand notre dictateur devant les rangs s'avance,
Demande à notre prince un moment de silence,
Et l'ayant obtenu : « Que faisons-nous Romains?
» (Dit-il) et quel démon nous fait venir aux mains?
» Souffrons que la raison éclaire enfin nos âmes,
» Nous sommes vos voisins, nos filles sont vos femmes;
» Et l'hymen nous a joint par tant et tant de nœuds,
» Qu'il est peu de nos fils qui ne soient vos neveux.
» Nous ne sommes qu'un sang et qu'un peuple en deux [villes;
» Pourquoi nous déchirer par des guerres civiles,
» Où la mort des vaincus affaiblit les vainqueurs,
» Et le plus beau triomphe est arrosé de pleurs?
» Nos ennemis communs attendent avec joie
» Qu'un des partis défaits leur donne l'autre en proie,
» Lassé, demi-rompu : mais vainqueur pour tout fruit
» Dénué d'un secours par lui-même détruit.
» Ils ont assez longtemps joui de nos divorces;
» Contre eux dorénavant joignons toutes nos forces;
» Et noyons dans l'oubli ces petits différents,
» Qui de si bons guerriers font de mauvais parents.
» Que si l'ambition de commander aux autres
» Fait marcher aujourd'hui vos troupes et les nôtres,
» Pourvu qu'à moins de sang nous voulions l'apaiser,
» Elle nous unira, loin de nous diviser.
» Nommons des combattants pour la cause commune;
» Que chaque peuple aux siens attache sa fortune;
» Et suivant ce que d'eux ordonnera le sort,
» Que le faible parti prenne loi du plus fort;
» Mais sans indignité pour des guerriers si braves,
» Qu'ils deviennent sujets sans devenir esclaves,
» Sans honte, sans tributs, et sans autre rigueur
» Que de suivre en tous lieux les drapeaux du vainqueur :
» Ainsi nos deux États ne feront qu'un empire. »
Il semble qu'à ces mots notre discorde expire :
Chacun, jetant les yeux dans un rang ennemi,
Reconnaît un beau-frère, un cousin, un ami.
Ils s'étonnent comment leurs mains de sang avides
Volaient sans y penser à tant de parricides,

Et font paraître un front couvert tout à la fois
D'horreur pour la bataille, et d'ardeur pour ce choix.
Enfin l'offre s'accepte, et la paix désirée
Sous ces conditions est aussitôt jurée :
Trois combattront pour tous ; mais, pour les mieux choisir,
Nos chefs ont voulu prendre un peu plus de loisir,
Le vôtre est au sénat, le nôtre dans sa tente.

CAMILLE.

O dieux ! que ce discours rend mon âme contente !

CURIACE.

Dans deux heures au plus, par un commun accord,
Le sort de nos guerriers réglera notre sort.
Cependant tout est libre attendant qu'on les nomme ;
Rome est dans notre camp, et notre camp dans Rome.
D'un et d'autre côté, l'accès étant permis,
Chacun va renouer avec ses vieux amis.
Pour moi, ma passion m'a fait suivre vos frères ;
Et mes désirs ont eu des succès si prospères,
Que l'auteur de vos jours m'a promis à demain
Le bonheur sans pareil de vous donner la main.
Vous ne deviendrez pas rebelle à sa puissance ?

CAMILLE.

Le devoir d'une fille est dans l'obéissance.

CURIACE.

Venez donc recevoir ce doux commandement
Qui doit mettre le comble à mon contentement.

CAMILLE.

Je vais suivre vos pas, mais pour revoir mes frères,
Et savoir d'eux encor la fin de nos misères.

JULIE.

* Allez, et cependant aux pieds de nos autels
* J'irai rendre pour vous grâces aux immortels.

ACTE DEUXIÈME.

SCÈNE PREMIÈRE.

HORACE, CURIACE.

CURIACE.

Ainsi Rome n'a point séparé son estime;
Elle eût cru faire ailleurs un choix illégitime.
Cette superbe ville en vos frères et vous
Trouve les trois guerriers qu'elle préfère à tous,
Et ne nous opposant d'autres bras que les vôtres,
D'une seule maison brave toutes les nôtres.
Nous croirons, à la voir toute entière en vos mains,
Que hors les fils d'Horace il n'est point de Romains.
Ce choix pouvait combler trois familles de gloire,
Consacrer hautement leurs noms à la mémoire ;
Oui, l'honneur que reçoit la vôtre par ce choix
En pouvait à bon titre immortaliser trois ;
Et puisque c'est chez vous que mon heur et ma flamme
M'ont fait placer ma sœur et choisir une femme,
Ce que je vais vous être, et ce que je vous suis,
Me font y prendre part autant que je le puis :
Mais un autre intérêt tient ma joie en contrainte,
Et parmi ses douceurs mêle beaucoup de crainte.
La guerre en tel éclat a mis votre valeur,
Que je tremble pour Albe, et prévois son malheur.
Puisque vous combattez, sa perte est assurée ;
En vous faisant nommer, le destin l'a jurée.

Je vois trop dans ce choix ses funestes projets,
Et me compte déjà pour un de vos sujets.

HORACE.

Loin de trembler pour Albe, il vous faut plaindre Rome,
Voyant ceux qu'elle oublie, et les trois qu'elle nomme.
C'est un aveuglement pour elle bien fatal,
D'avoir tant à choisir, et de choisir si mal.
Mille de ses enfants, beaucoup plus dignes d'elle,
Pouvaient bien mieux que nous soutenir sa querelle.
Mais, quoique ce combat me promette un cercueil,
La gloire de ce choix m'enfle d'un juste orgueil;
Mon esprit en conçoit une mâle assurance :
J'ose espérer beaucoup de mon peu de vaillance,
Et du sort envieux quels que soient les projets,
Je ne me compte point pour un de vos sujets.
Rome a trop cru de moi; mais mon âme ravie
Remplira son attente, ou quittera la vie.
Qui veut mourir ou vaincre est vaincu rarement :
Ce noble désespoir périt mal aisément.
Rome, quoi qu'il en soit, ne sera point sujette,
Que mes derniers soupirs n'assurent ma défaite.

CURIACE.

Hélas! c'est bien ici que je dois être plaint!
Ce que veut mon pays, mon amitié le craint.
Dures extrémités, de voir Albe asservie,
Ou sa victoire au prix d'une si chère vie;
Et que l'unique bien où tendent ses désirs
S'achète seulement par vos derniers soupirs!
Quels vœux puis-je former, et quel bonheur attendre?
De tous les deux côtés j'ai des pleurs à répandre;
De tous les deux côtés mes désirs sont trahis.

HORACE.

Quoi! vous me pleureriez mourant pour mon pays!
Pour un cœur généreux ce trépas a des charmes,
La gloire qui le suit ne souffre pas de larmes;
Et je le recevrais en bénissant mon sort,
Si Rome et tout l'État perdaient moins à ma mort.

CURIACE.

A vos amis pourtant permettez de le craindre ;
Dans un si beau trépas ils sont les seuls à plaindre.
La gloire en est pour vous, et la perte pour eux :
Il vous fait immortel, et les rend malheureux.
On perd tout quand on perd un ami si fidèle.

SCÈNE II.

HORACE, FLAVIAN, CURIACE.

CURIACE.

Mais Flavian m'apporte ici quelque nouvelle.
(*A Flavian.*)
Albe de trois guerriers a-t-elle fait le choix ?

FLAVIAN.

Je viens pour vous l'apprendre.

CURIACE.

Et bien ! qui sont les trois ?

FLAVIAN.

Vos deux frères et vous.

CURIACE.

Qui ?

FLAVIAN.

Vous et vos deux frères.
Mais pourquoi ce front triste et ces regards sévères ?
Ce choix vous déplaît-il ?

CURIACE.

Non ; mais il me surprend :
Je m'estimais trop peu pour un bonheur si grand.

FLAVIAN.

Dirai-je au dictateur, dont l'ordre ici m'envoie,
Que vous le recevez avec si peu de joie?
Ce morne et froid accueil me surprend à mon tour.

CURIACE.

Dis-lui que l'amitié, l'alliance et l'amour
Ne pourront empêcher que les trois Curiaces
Ne servent leur pays contre les trois Horaces.

FLAVIAN.

Contre eux! Ah! c'est beaucoup me dire en peu de mots.

CURIACE.

Porte-lui ma réponse, et nous laisse en repos.
(*Flavian sort.*)

SCÈNE III.

HORACE, CURIACE.

CURIACE.

Que désormais le ciel, les enfers et la terre,
Unissent leurs fureurs à nous faire la guerre;
Que les hommes, les dieux, les démons et le sort,
Préparent contre nous un général effort;
Je mets à faire pis, en l'état où nous sommes;
Le sort et les démons, et les dieux et les hommes;
Ce qu'ils ont de cruel, et d'horrible et d'affreux,
L'est bien moins que l'honneur qu'on nous fait à tous deux.

HORACE.

Le sort, qui de l'honneur nous ouvre la barrière,
Offre à notre constance une illustre matière;
Il épuise sa force à former un malheur,
Pour mieux se mesurer avec notre valeur;

Et comme il voit en nous des âmes peu communes,
Hors de l'ordre commun il nous fait des fortunes.
Combattre un ennemi pour le salut de tous,
Et contre un inconnu s'exposer seul aux coups,
D'une simple vertu c'est l'effet ordinaire;
Mille déjà l'ont fait, mille pourraient le faire ;
Mourir pour le pays est un si digne sort,
Qu'on briguerait en foule une si belle mort·
Mais vouloir au public immoler ce qu'on aime,
S'attacher au combat contre un autre soi-même,
Attaquer un parti qui prend pour défenseur
Le frère d'une femme, et l'amant d'une sœur;
Et rompant tous ses nœuds s'armer pour la patrie
Contre un sang qu'on voudrait racheter de sa vie,
Une telle vertu n'appartenait qu'à nous.
L'éclat de son grand nom lui fait peu de jaloux;
Et peu d'hommes au cœur l'ont assez imprimée;
Pour oser aspirer à tant de renommée.

CURIACE.

Il est vrai que nos noms ne sauraient plus périr.
L'occasion est belle, il nous la faut chérir.
Nous serons les miroirs d'une vertu bien rare :
Mais votre fermeté tient un peu du barbare.
Peu, même des grands cœurs, tireraient vanité
D'aller par ce chemin à l'immortalité :
A quelque prix qu'on mette une telle fumée,
L'obscurité vaut mieux que tant de renommée.
Pour moi, j'ose le dire, et vous l'avez pu voir,
Je n'ai point consulté pour suivre mon devoir;
Notre longue amitié, l'amour, ni l'alliance,
N'ont pu mettre un moment mon esprit en balance;
Et puisque par ce choix Albe montre en effet
Qu'elle m'estime autant que Rome vous a fait,
Je crois faire pour elle autant que vous pour Rome;
J'ai le cœur aussi bon, mais enfin je suis homme.
Je vois que votre honneur demande tout mon sang,
Que le mien consiste à vous percer le flanc,
Près d'épouser la sœur qu'il faut tuer le frère,

Et que pour mon pays j'ai le sort si contraire;
Encor qu'à mon devoir je coure sans terreur,
Mon cœur s'en effarouche, et j'en frémis d'horreur;
J'ai pitié de moi-même, et jette un œil d'envie
Sur ceux dont notre guerre a consumé la vie.
Sans souhait toutefois de pouvoir reculer,
Ce triste et fier honneur m'émeut sans m'ébranler;
J'aime ce qu'il me donne, et je plains ce qu'il m'ôte;
Et, si Rome demande une vertu plus haute,
Je rends grâces aux dieux de n'être pas Romain,
Pour conserver encor quelque chose d'humain.

HORACE.

Si vous n'êtes Romain, soyez digne de l'être;
Et si vous m'égalez, faites-le mieux paraître.
La solide vertu dont je fais vanité
N'admet point de faiblesse avec sa fermeté;
Et c'est mal de l'honneur entrer dans la carrière,
Que dès le premier pas regarder en arrière.
Notre malheur est grand, il est au plus haut point,
Je l'envisage entier, mais je n'en frémis point,
Contre qui que ce soit que mon pays m'emploie,
J'accepte aveuglément cette gloire avec joie:
Celle de recevoir de tels commandements
Doit étouffer en nous tous autres sentiments:
Qui près de le servir considère autre chose,
A faire ce qu'il doit lâchement se dispose.
Ce droit saint et sacré rompt tout autre lien.
Rome a choisi mon bras, je n'examine rien.
Avec une allégresse aussi pleine et sincère
Que j'épousai la sœur, je combattrai le frère;
Et pour trancher enfin ces discours superflus,
Albe vous a nommé, je ne vous connais plus.

CURIACE.

Je vous connais encore, et c'est ce qui me tue;
Mais cette âpre vertu ne m'était pas connue;
Comme notre malheur elle est au plus haut point:
Souffrez que je l'admire et ne l'imite point.

HORACE.

Non, non, n'embrassez pas de vertu par contrainte;
Et puisque vous trouvez plus de charme à la plainte,
En toute liberté goûtez un bien si doux.
Voici venir ma sœur pour se plaindre avec vous.
Je vais revoir la vôtre et résoudre son âme
A se bien souvenir qu'elle est toujours ma femme,
A vous aimer encor si je meurs par vos mains,
Et prendre en son malheur des sentiments romains.

SCÈNE IV.

HORACE, CAMILLE, CURIACE.

HORACE.

Avez-vous su l'état qu'on fait de Curiace,
Ma sœur?

CAMILLE.

Hélas! mon sort a bien changé de face.

HORACE.

Armez-vous de constance, et montrez-vous ma sœur;
Et si par mon trépas il retourne vainqueur,
Ne le recevez point en meurtrier d'un frère,
Mais en homme d'honneur qui fait ce qu'il doit faire,
Qui sert bien son pays, et sait montrer à tous
Par sa haute vertu qu'il est digne de vous;
Comme si je vivais, achevez l'hyménée,
Mais si ce fer aussi tranche sa destinée,
Faites à ma victoire un pareil traitement:
Ne me reprochez pas la mort de votre amant.
Vos larmes vont couler et votre cœur se presse;
Consumez avec lui toute cette faiblesse;
Querellez ciel et terre, et maudissez le sort;
Mais après le combat ne pensez plus au mort.

(*A Curiace.*)

Je ne vous laisserai qu'un moment avec elle,
Puis nous irons ensemble où l'honneur nous appelle.

SCÈNE V.

CAMILLE, CURIACE.

CAMILLE.

Iras-tu, Curiace? et ce funeste honneur
Te plaît-il aux dépens de tout notre bonheur ?

CURIACE.

Hélas ! je vois trop bien qu'il faut, quoi que je fasse,
Mourir, ou de douleur, ou de la main d'Horace.
Je vais comme au supplice à cet illustre emploi ;
Je maudis mille fois l'état que l'on fait de moi ;
Je hais cette valeur qui fait qu'Albe m'estime ;
Ma flamme au désespoir passe jusques au crime,
Elle se prend au ciel et l'ose quereller ;
Je vous plains, je me plains; Mais il faut y aller.

CAMILLE.

Non, je te connais mieux : tu veux que je te prie,
Et qu'ainsi mon pouvoir t'excuse à ta patrie.
Tu n'es que trop fameux par tes autres exploits;
Albe a reçu par eux tout ce que tu lui dois.
Autre n'a mieux que toi soutenu cette guerre,
Autre de plus de morts n'a couvert notre terre :
Ton nom ne peut plus croître, il ne lui manque rien ;
Souffre qu'un autre ici puisse ennoblir le sien.

CURIACE.

Que je souffre à mes yeux qu'on ceigne une autre tête
Des lauriers immortels que la gloire m'apprête,
On que tout mon pays reproche à ma vertu

Qu'il aurait triomphé si j'avais combattu !
Et que sous mon amour ma valeur endormie
Couronne tant d'exploits d'une telle infamie !
Non, Albe, après l'honneur que j'ai reçu de toi,
Tu ne succomberas ni vaincras que par moi :
Tu m'as commis ton sort, je t'en rendrai bon compte ;
Je vivrai sans reproche, ou périrai sans honte.

CAMILLE.

Quoi ! tu ne veux pas voir qu'ainsi tu me trahis !

CURIACE.

Avant que d'être à vous je suis à mon pays.

CAMILLE.

Mais te priver pour lui toi-même d'un beau-frère,
Ta sœur de son mari !

CURIACE.

Telle est notre misère.
Le choix d'Albe et de Rome ôte toute douceur
Aux noms jadis si doux de beau-frère et de sœur.

CAMILLE.

Tu pourras donc, cruel, me présenter sa tête,
Et demander ma main pour prix de ta conquête !

CURIACE.

Il n'y faut plus penser, en l'état où je suis ;
Vous aimer sans espoir, c'est tout ce que je puis.
Vous en pleurez, Camille ?

CAMILLE.

Il faut bien que je pleure,
Mon insensible amant ordonne que je meure :
Et quand l'hymen allume pour nous son flambeau,
Il l'éteint de sa main pour m'ouvrir le tombeau.
Ce cœur impitoyable à ma perte s'obstine,
Et dit qu'il m'aime encore alors qu'il m'assassine.

CURIACE.

Que les pleurs d'une amante ont de puissants discours,
Et qu'un bel œil est fort avec un tel secours !

Que mon cœur s'attendrit à cette triste vue ?
Ma constance contre elle à regret s'évertue.
N'attaquez plus ma gloire avec tant de douleurs,
Et laissez-moi sauver ma vertu de vos pleurs ;
Je sens qu'elle chancelle et défend mal la place.
Plus je suis votre amant, moins je suis Curiace.
Faible d'avoir déjà combattu l'amitié,
Vaincrait-elle à la fois l'amour et la pitié ?
Allez, ne m'aimez plus, ne versez plus de larmes,
Ou j'oppose l'offense à de si fortes armes ;
Je me défendrai mieux contre votre courroux ;
Et, pour le mériter, je n'ai plus d'yeux pour vous.
Vengez-vous d'un ingrat, punissez un volage.
Vous ne vous montrez point sensible à cet outrage !
Je n'ai plus d'yeux pour vous, vous en avez pour moi !
En faut-il plus encor ? je renonce à ma foi.
Rigoureuse vertu dont je suis la victime,
Ne peux-tu résister sans le secours d'un crime ?

CAMILLE.

Ne fais point d'autre crime, et j'atteste les dieux
Qu'au lieu de te haïr, je t'en aimerai mieux ;
Oui, je te chérirai tout ingrat et perfide ;
Et cesse d'aspirer au nom de fratricide.
Pourquoi suis-je Romaine, et que n'es-tu Romain ?
Je te préparerais des lauriers de ma main,
Je t'encouragerais au lieu de te distraire,
Et je te traiterais comme j'ai fait mon frère.
Hélas ! j'étais aveugle en mes vœux aujourd'hui,
J'en ai fait contre toi quand j'en ai fait pour lui.
Il revient, quel malheur, si l'amour de sa femme
Ne peut non plus sur lui que le mien sur ton âme !

SCÈNE VI.

HORACE, SABINE, CAMILLE, CURIACE.

CURIACE.

Dieux ! Sabine le suit ! pour ébranler mon cœur,
Est-ce peu de Camille? y joignez-vous ma sœur?
Et, laissant à ses pleurs vaincre ce grand courage,
L'amenez-vous ici chercher même avantage ?

SABINE.

Non, non, mon frère, non ; je ne viens en ce lieu
Que pour vous embrasser, et pour vous dire adieu.
Votre sang est trop bon, n'en craignez rien de lâche,
Rien dont la fermeté de ces grands cœurs se fâche;
Si ce malheur illustre ébranlait l'un de vous,
Je le désavoûrais pour frère ou pour époux.
Pourrai-je toutefois vous faire une prière
Digne d'un tel époux, et digne d'un tel frère!
* Je veux d'un coup si noble ôter l'impiété,
* A l'honneur qui l'attend rendre sa pureté,
* La mettre en son éclat sans mélange de crimes :
* Enfin je veux vous faire ennemis légitimes.
Du saint nœud qui nous joint je suis le seul lien :
Quand je ne serai plus, vous ne vous serez rien.
Brisez votre alliance et rompez-en la chaîne;
Et puisque votre honneur veut des effets de haine,
Achetez par ma mort le droit de me haïr :
Albe le veut, et Rome; il faut leur obéir :
Qu'un de vous me tue, et que l'autre me venge;
Alors votre combat n'aura plus rien d'étrange;
L'un de l'autre du moins sera juste agresseur,
Ou pour venger sa femme, ou pour venger sa sœur.
* Mais quoi ! vous souilleriez une gloire si belle,

* Si vous vous animez par quelque autre querelle;
* Le zèle du pays vous défend de tels soins;
* Vous feriez peu pour lui si vous vous étiez moins;
* Il lui faut, et sans haine, immoler un beau-frère.
* Ne différez donc plus ce que vous devez faire;
* Commencez par sa sœur à répandre son sang,
* Commencez par sa femme à lui percer le flanc,
* Commencez par Sabine à faire de vos vies
* Un digne sacrifice à vos chères patries;
* Vous êtes ennemis en ce combat fameux,
* Vous d'Albe, vous de Rome, et moi de tous les deux.
Quoi! me réservez-vous à voir une victoire
Où, pour haut appareil d'une pompeuse gloire,
Je verrai les lauriers d'un frère ou d'un mari
Fumer encor d'un sang que j'aurai tant chéri?
Pourrai-je entre vous deux régler alors mon âme?
Satisfaire aux devoirs et de sœur et de femme?
Embrasser le vainqueur en pleurant le vaincu?
Non, non, avant ce temps Sabine aura vécu :
Ma mort le préviendra, de qui que je l'obtienne :
Le refus de vos mains y condamne la mienne.
Sus donc, qui vous retient? Allez, cœurs inhumains.
J'aurai trop de moyens pour y forcer vos mains;
Vous ne les aurez point au combat occupées,
Que ce corps au milieu n'arrête vos épées;
Et malgré vos refus il faudra que leurs coups
Se fassent jour ici pour aller jusqu'à vous.

HORACE.

O ma femme!

CURIACE.

O ma sœur!

CAMILLE.

Courage! ils s'amollissent.

SABINE.

Vous poussez des soupirs, vos visages pâlissent!
Quelle peur vous saisit? sont-ce là ces grands cœurs,
Ces héros qu'Albe et Rome ont pris pour défenseurs?

HORACE.

Que t'ai-je fait, Sabine? et quelle est mon offense
Qui t'oblige à chercher une telle vengeance?
Que t'a fait mon honneur? et par quels droits viens-tu
Avec toute ta force attaquer ma vertu?
Du moins contente-toi de l'avoir étonnée.
Et me laisse achever cette grande journée.
Tu me viens de réduire en un étrange point.
Va-t'en et ne rends point la victoire douteuse;
La dispute déjà m'en est assez honteuse;
Souffre qu'avec honneur je termine mes jours.

SABINE.

Va, cesse de me craindre, on vient à ton secours.

SCÈNE VII.

SABINE, HORACE, LE VIEIL HORACE, CURIACE, CAMILLE.

LE VIEIL HORACE.

Qu'est ceci, mes enfants? écoutez-vous vos flammes?
Et perdez-vous encor le temps avec des femmes?
Prêts à verser du sang, regardez-vous des pleurs?
Fuyez, et laissez-les déplorer leurs malheurs.
Leurs plaintes ont pour vous trop d'art et de tendresse:
Elles vous feraient part enfin de leur faiblesse;
Et ce n'est qu'en fuyant qu'on pare de tels coups.

SABINE.

N'appréhendez rien d'eux, ils sont dignes de vous.
Malgré tous nos efforts, vous en devez attendre
Ce que vous souhaitez et d'un fils et d'un gendre;
Et si notre faiblesse avait pu les changer,
Nous vous laissons ici pour les encourager.

Allons, ma sœur, allons, ne perdons plus de larmes;
Contre tant de vertu ce sont de faibles armes;
Ce n'est qu'au désespoir qu'il nous faut recourir,
Tigres, allez combattre; et nous, allons mourir.

(*Sabine et Camille sortent.*)

SCÈNE VIII.

HORACE, LE VIEIL HORACE, CURIACE.

HORACE.

Mon père, retenez des femmes qui s'emportent;
Et, de grâce, empêchez surtout qu'elles ne sortent;
Leur amour importun viendrait avec éclat
Par des cris et des pleurs troubler notre combat;
Et ce qu'elles nous sont ferait qu'avec justice
On nous imputerait ce mauvais artifice.
L'honneur d'un si beau choix serait trop acheté,
Si l'on nous soupçonnait de quelque lâcheté.

LE VIEIL HORACE.

J'en aurai soin. Allez, vos frères vous attendent;
Ne pensez qu'aux devoirs que vos pays demandent.

CURIACE.

Quel adieu vous dirai-je? et par quels compliments...

LE VIEIL HORACE.

Ah! n'attendrissez point ici mes sentiments,
Pour vous encourager ma voix manque de termes;
Mon cœur ne forme point de pensers assez fermes:
Moi-même en cet adieu j'ai les larmes aux yeux.
Faites votre devoir, et laissez faire aux dieux.

ACTE TROISIÈME.

SCÈNE PREMIÈRE.

SABINE, *seule*.

Prenons parti, mon âme, en de telles disgrâces ;
Soyons femme d'Horace, ou sœur des Curiaces :
Cessons de partager nos inutiles soins :
Souhaitons quelque chose, et craignons un peu moins.
* Mais, las ! quel parti prendre en un sort si contraire?
* Quel ennemi choisir, d'un époux, ou d'un frère?
* La nature ou l'amour parle pour chacun d'eux,
* Et la loi du devoir m'attache à tous les deux.
* Sur leurs hauts sentiments réglons plutôt les nôtres ;
* Soyons femme de l'un, ensemble, et sœur des autres ;
* Regardons leur honneur comme un souverain bien;
* Imitons leur constance, et ne craignons plus rien.
La mort qui les menace est une mort si belle,
Qu'il en faut sans frayeur attendre la nouvelle.
N'appelons point alors les destins inhumains;
Songeons pour quelle cause, et non par quelles mains:
Revoyons les vainqueurs sans penser qu'à la gloire
Que toute leur maison reçoit de leur vitcoire;
Et sans considérer aux dépens de quel sang
Leur vertu les élève en cet illustre rang,
Faisons nos intérêts de ceux de leur famille :
En l'une je suis femme, en l'autre je suis fille ;

Et tiens à toutes deux par de si forts liens,
Qu'on ne peut triompher que par le bras des miens.
Fortune ! quelques maux que ta rigueur m'envoie,
J'ai trouvé les moyens d'en tirer la joie,
Et puis voir aujourd'hui le combat sans terreur,
Les morts sans désespoir, les vainqueurs sans horreur.
Flatteuse illusion, erreur douce et grossière,
Vain effort de mon âme, impuissante lumière,
De qui le faux brillant prend droit de m'éblouir,
Que tu sais peu durer, et tôt t'évanouir !
Pareille à ces éclairs qui dans le fort des ombres,
Poussant un jour qui fuit, en rend les nuits plus sombres,
Tu n'as frappé mes yeux d'un moment de clarté
Que pour les abîmer dans plus d'obscurité.
Tu charmais trop ma peine, et le ciel, qui s'en fâche,
Me vend déjà bien cher ce moment de relâche,
* Je sens mon triste cœur percé de tous les coups
* Qui m'ôtent maintenant un frère, ou mon époux :
* Quand je songe à la mort, quoi que je me propose,
* Je songe par quel bras, et non pour quelle cause ;
* Et ne vois les vainqueurs en leur illustre rang,
* Que pour considérer aux dépens de quel sang.
* La maison des vaincus touche seule mon âme ;
* En l'une je suis fille, en l'autre je suis femme ;
* Et tiens à toutes deux par de si forts liens,
* Qu'on ne peut triompher que par la mort des miens.
* C'est là donc cette paix que j'ai tant souhaitée !
* Trop favorables dieux, vous m'avez écoutée ;
* Quels foudres lancez-vous quand vous vous irritez,
* Si même vos faveurs ont tant de cruautés ?
* Et de quelle façon punissez-vous l'offense,
* Si vous traitez ainsi les vœux de l'innocence ?

SCÈNE II.

JULIE, SABINE.

SABINE.

En est-ce fait, Julie? et que m'apportez-vous?
Est-ce la mort d'un frère, ou celle d'un époux?
* Le funeste succès de leurs armes impies
* De tous les combattants a-t-il fait des hosties?
* Et m'enviant l'horreur que j'aurais des vainqueurs,
* Pour tous tant qu'ils étaient demande-t-il mes pleurs?

JULIE.

Quoi! ce qui s'est passé, vous l'ignorez encore?

SABINE.

Vous faut-il étonner de ce que je l'ignore?
Et ne savez-vous pas que de cette maison
Pour Camille et pour moi l'on fait une prison?
Julie, on nous renferme, on a peur de nos larmes:
Sans cela nous serions au milieu de leurs armes,
Et par les désespoirs d'une chaste amitié
Nous aurions des deux camps tiré quelque pitié.

JULIE.

Il n'était pas besoin d'un si tendre spectacle,
Leur vue à leur combat apporte assez d'obstacle.
Sitôt qu'ils ont paru prêts à se mesurer,
On a dans les deux camps entendu murmurer.
A voir de tels amis, des personnes si proches,
Venir pour leur patrie aux mortelles approches,
L'un s'émeut de pitié, l'autre est saisi d'horreur,
L'autre d'un si grand zèle admire la fureur;
Tel porte jusqu'aux cieux leur vertu sans égale,
Et tel l'ose nommer sacrilége et brutale.

Ces divers sentiments n'ont pourtant qu'une voix ;
Tous accusent leurs chefs, tous détestent leur choix ;
Et ne pouvant souffrir un combat si barbare.
On s'écrie, on s'avance, enfin on les sépare.

SABINE.

Que je vous dois d'encens, grands dieux, qui m'exaucez !

JULIE.

Vous n'êtes pas, Sabine, encore où vous pensez ;
Vous pouvez espérer, vous avez moins à craindre.
Mais il vous reste encore assez de quoi vous plaindre.
En vain d'un sort si triste on les veut garantir,
Ces cruels généreux n'y peuvent consentir.
La gloire de ce choix leur est si précieuse,
Et charme tellement leur âme ambitieuse,
Qu'alors qu'on les déplore ils s'estiment heureux,
Et prennent pour affront la pitié qu'on a d'eux.
Le trouble des deux camps souille leur renommée;
Ils combattront plutôt et l'une et l'autre armée,
Et mourront par les mains qui leur font d'autres lois,
Que pas un d'eux renonce aux honneurs d'un tel choix.

SABINE.

Quoi ! dans leur dureté ces cœurs d'acier s'obstinent !

JULIE.

Oui ; mais d'autre côté les deux camps se mutinent,
Et leurs cris, des deux parts poussés en même temps,
Demandent la bataille ou d'autres combattants.
La présence des chefs à peine est respectée ;
Leur pouvoir est douteux, leur voix mal écoutée ;
Le roi même s'étonne, et, pour dernier effort,
« Puisque chacun, dit-il, s'échauffe en ce discord,
» Consultons des grands dieux la majesté sacrée,
» Et voyons si ce change, à leur bontés agrée.
» Quel impie osera se prendre à leur vouloir,
» Lorsqu'en un sacrifice ils nous l'auront fait voir? »
Il se tait, et ces mots semblent être des charmes ;
Même aux six combattants ils arrachent les armes ;
Et ce désir d'honneur qui leur ferme les yeux,

Tout aveugle qu'il est, respecte encor les dieux,
* Leur bouillante ardeur cède à l'avis de Tulle
* Et, soit par déférence, ou par un prompt scrupule,
* Dans l'une et l'autre armée on s'en fait une loi,
* Comme si toutes deux le connaissaient pour roi.
Le reste s'apprendra par la mort des victimes.

SABINE.

Les dieux n'avoûront point un combat plein de crimes;
J'en espère beaucoup, puisqu'il est différé;
Et je commence à voir ce que j'ai désiré.

SCÈNE III.

JULIE, SABINE, CAMILLE.

SABINE.

Ma sœur, que je vous dise une bonne nouvelle.

CAMILLE.

Je pense la savoir, s'il faut la nommer telle;
On l'a dite à mon père et j'étais avec lui,
Mais je n'en conçois rien qui flatte mon ennui.
Ce délai de nos maux rendra leurs coups plus rudes :
Ce n'est qu'un plus long terme à nos inquiétudes;
Et tout l'allégement qu'il en faut espérer,
C'est de pleurer plus tard ceux qu'il faudra pleurer.

SABINE.

Les dieux n'ont pas en vain inspiré ce tumulte.

CAMILLE.

Disons plutôt, ma sœur, qu'en vain on les consulte.
* Ces mêmes dieux à Tulle ont inspiré ce choix,
* Et la voix du public n'est pas toujours leur voix.
* Ils descendent bien moins dans de si bas étages,
* Que dans l'âme des rois, leurs vivantes images,

* De qui l'indépendante et sainte autorité
* Est un rayon secret de leur divinité.

JULIE.

* C'est vouloir sans raison vous former des obstacles.
* Que de chercher leur voix ailleurs qu'en leurs oracles ;
* Et vous ne pouvez vous figurer tout perdu,
* Sans démentir celui qui vous fut hier rendu.

CAMILLE.

* Un oracle jamais ne se laisse comprendre ;
* On l'entend d'autant moins que plus on croit l'entendre ;
* Et loin de s'assurer sur un pareil arrêt,
* Qui ne voit rien d'obscur, doit croire que tout l'est.

SABINE.

* Sur ce qu'il fait pour nous prenons plus d'assurance.
* Et souffrons les douceurs d'une juste espérance.
* Quand la faveur du ciel ouvre à demi ses bras,
* Qui ne s'en promet rien, ne la mérite pas :
* Il empêche souvent qu'elle ne se déploie;
* Et lorsqu'elle descend, son refus la renvoie.

CAMILLE.

Le ciel agit sans nous dans ces événements,
Et ne se règle point dessus nos sentiments.

JULIE.

Il ne vous a fait peur que pour vous faire grâce.
Adieu. Je vais savoir comme enfin tout se passe.
Modérez vos frayeurs ; j'espère à mon retour
Ne vous entretenir que de propos d'amour,
Et que nous n'emploierons la fin de la journée
Qu'aux doux préparatifs d'un heureux hyménée.

SABINE.

J'ose encorer l'espérer.

CAMILLE.

Moi, je n'espère rien.

JULIE.

L'effet vous fera voir que nous en jugeons bien.

SCÈNE IV.

SABINE, CAMILLE.

SABINE.

Parmi nos déplaisirs, souffrez que je vous blâme :
Je ne puis approuver tant de trouble en votre âme.
Que feriez-vous, ma sœur, au point où je vous vois,
Si vous aviez à craindre autant que je le dois,
Et si vous attendiez de leurs armes fatales
Des maux pareils aux miens, et des pertes égales !

CAMILLE.

Parlez plus sainement de vos maux et des miens :
Chacun voit ceux d'autrui d'un autre œil que les siens.
Mais à bien regarder ceux où le ciel me plonge,
Les vôtres auprès d'eux vous sembleront un songe.
La seule mort d'Horace est à craindre pour vous :
Des frères ne sont rien à l'égal d'un époux.
L'hymen qui nous attache en une autre famille
Nous détache de celle où l'on a vécu fille ;
On voit d'un œil divers des nœuds si différents,
Et pour suivre un mari l'on quitte ses parents.
Mais si près d'un hymen l'amant que donne un père
Nous est moins qu'un époux, et non pas moins qu'un frère,
Nos sentiments entre eux demeurent suspendus,
Notre choix impossible, et nos vœux confondus.
Ainsi, ma sœur, du moins vous avez dans vos plaintes
Où porter vos souhaits et terminer vos craintes ;
Mais, si le ciel s'obstine à nous persécuter,
Pour moi, j'ai tout à craindre, et rien à souhaiter.

SABINE.

Quand il faut que l'un meure, et par les mains de l'autre,
C'est un raisonnement bien mauvais que le vôtre.

Quoique ce soient, ma sœur, des nœuds bien différents,
C'est sans les oublier qu'on quitte ses parents :
L'hymen n'efface point ces profonds caractères ;
Pour aimer un mari, l'on ne hait pas ses frères ;
La nature en tout temps garde ses premiers droits ;
Aux dépens de leur vie on ne fait point de choix :
Aussi bien qu'un époux ils sont d'autres nous-mêmes ;
Et tous maux sont pareils alors qu'ils sont extrêmes.
Mais l'amant qui vous charme, et pour qui vous brûlez,
Ne vous est, après tout, que ce que vous voulez.
Une mauvaise humeur, un peu de jalousie,
En fait assez souvent passer la fantaisie.
Ce que peut le caprice, osez-le par raison ;
Et laissez votre sang hors de comparaison.
C'est crime qu'opposer des liens volontaires
A ceux que la naissance a rendus nécessaires.
Si donc le ciel s'obstine à nous persécuter,
Seule j'ai tout à craindre, et rien à souhaiter ;
Mais pour vous le devoir vous donne dans vos plaintes
Où porter vos souhaits, et terminer vos craintes.

CAMILLE.

Je le vois bien, ma sœur, vous n'aimâtes jamais ;
Vous ne connaissez point ni l'amour ni ses traits.
On peut lui résister quand il commence à naître,
Mais non pas le bannir quand il s'est rendu maître,
Et que l'aveu d'un père, engageant notre foi,
A fait de ce tyran un légitime roi.
* Il entre avec douceur, mais il règne par force ;
* Et quand l'âme une fois a goûté son amorce,
* Vouloir ne plus aimer, c'est ce qu'elle ne peut,
* Puisqu'elle ne peut plus vouloir ce qu'elle veut ;
Ces chaînes sont pour nous aussi fortes que belles.

SCÈNE V.

CAMILLE, LE VIEIL HORACE, SABINE.

LE VIEIL HORACE.

Je viens vous apporter de fâcheuses nouvelles,
Mes filles ; mais en vain je voudrais vous céler
Ce qu'on ne vous saurait longtemps dissimuler :
Vos frères sont aux mains, les dieux ainsi l'ordonnent.

SABINE.

Je veux bien l'avouer, ces nouvelles m'étonnent ;
Et je m'imaginais dans la divinité
Beaucoup moins d'injustice, et bien plus de bonté.
Ne nous consolez point ; contre tant d'infortune
La pitié parle en vain, la raison importune.
* Nous avons en nos mains la fin de nos douleurs,
* Et qui veut bien mourir peut braver les malheurs.
* Nous pourrions aisément faire en votre présence
* De notre désespoir une fausse constance ;
* Mais quand on peut sans honte être sans fermeté,
* L'affecter au dehors, c'est une lâcheté :
* L'usage d'un tel art, nous le laissons aux hommes,
* Et ne voulons passer que pour ce que nous sommes.
Nous ne demandons point qu'un courage si fort
S'abaisse à notre exemple à se plaindre du sort.
Recevez, sans frémir, ces mortelles alarmes ;
Voyez couler nos pleurs sans y mêler vos larmes ;
Enfin, pour toute grâce, en de tels déplaisirs,
Gardez votre constance, et souffrez nos soupirs.

LE VIEIL HORACE.

Loin de blâmer les pleurs que je vous vois répandre,
Je crois faire beaucoup de m'en pouvoir défendre ;
Et céderais peut-être à de si rudes coups,

Si je prenais ici même intérêt que vous :
Non qu'Albe par son choix m'ait fait haïr vos frères ;
Tous trois me sont encor des personnes bien chères ;
Mais enfin l'amitié n'est pas de même rang,
Et n'a point les effets de l'amour ni du sang :
Je ne sens point pour eux la douleur qui tourmente
Sabine comme sœur, Camille comme amante.
Je puis les regarder comme nos ennemis,
Et donner sans regret mes souhaits à mes fils.
Ils sont, grâces aux dieux, dignes de leur patrie ;
Aucun étonnement n'a leur gloire flétrie ;
Et j'ai vu leur honneur croître de la moitié
Quand ils ont des deux camps refusé la pitié.
Si par quelque faiblesse ils l'avaient mendiée,
Si leur haute vertu ne l'eût répudiée,
Ma main bientôt sur eux m'eût vengé hautement
De l'affront que m'eût fait ce mol consentement.
Mais lorsqu'en dépit d'eux on en a voulu d'autres,
Je ne le cèle point, j'ai joint mes vœux aux vôtres.
Si le ciel pitoyable eût écouté ma voix,
Albe serait réduite à faire un autre choix ;
Nous pourrions voir tantôt triompher les Horaces,
Sans voir leurs bras souillés du sang des Curiaces ;
Et de l'événement d'un combat plus humain
Dépendrait maintenant l'honneur du nom romain.
La prudence des dieux autrement en dispose ;
Sur leur ordre éternel mon esprit se repose ;
Il s'arme en ce besoin de générosité,
Et du bonheur public fait sa félicité.
Tâchez d'en faire autant pour soulager vos peines,
Et songez toutes deux que vous êtes Romaines,
Vous l'êtes devenue, et vous l'êtes encor ;
Un si glorieux titre est un digne trésor.
Un jour, un jour viendra que par toute la terre
Rome se fera craindre à l'égal du tonnerre,
Et que, tout l'univers tremblant dessous ses lois,
Ce grand nom deviendra l'ambition des rois.
Les dieux à notre Énée ont promis cette gloire.

SCÈNE VI.

CAMILLE, JULIE, LE VIEIL HORACE, SABINE.

LE VIEIL HORACE.

Nous venez-vous, Julie, apprendre la victoire?

JULIE.

Mais plutôt du combat les funestes effets.
Rome est sujette d'Albe, et vos fils sont défaits;
Des trois les deux sont morts, son époux seul vous reste.

LE VIEIL HORACE.

Oh! d'un triste combat effet vraiment funeste!
Rome est sujette d'Albe! et pour l'en garantir
Il n'a pas employé jusqu'au dernier soupir!
Non, non, cela n'est point, on vous trompe, Julie;
Rome n'est point sujette, ou mon fils est sans vie.
Je connais mieux mon sang, il sait mieux son devoir.

JULIE.

Mille, de nos remparts, comme moi, l'ont pu voir.
Il s'est fait admirer tant qu'ont duré ses frères;
Mais quand il s'est vu seul contre trois adversaires,
Près d'être enfermé d'eux, sa fuite l'a sauvé.

LE VIEIL HORACE.

Et nos soldats trahis ne l'ont point achevé!
Dans leurs rangs à ce lâche ils ont donné retraite!

JULIE.

Je n'ai voulu rien voir après cette défaite.

CAMILLE.

O mes frères!

LE VIEIL HORACE.

Tout beau, ne les pleurez pas tous;
Deux jouissent d'un sort dont leur père est jaloux.
Que des plus nobles fleurs leur tombe soit couverte;
La gloire de leur mort m'a payé de leur perte :
Ce bonheur a suivi leur courage invaincu,
Qu'ils ont vu Rome libre autant qu'ils ont vécu,
Et ne l'auront point vue obéir qu'à son prince,
Ni d'un État voisin devenir la province.
Pleurez l'autre, pleurez l'irréparable affront
Que sa fuite honteuse imprime à notre front;
Pleurez le déshonneur de toute notre race,
Et l'opprobre éternel qu'il laisse au nom d'Horace.

JULIE.

Que voulez-vous qu'il fît contre trois?

LE VIEIL HORACE.

Qu'il mourût,
Ou qu'un beau désespoir alors le secourût.
N'eût-il que d'un moment reculé sa défaite,
Rome eût été du moins un peu plus tard sujette;
Il eût avec honneur laissé mes cheveux gris,
Et c'était de sa vie un assez digne prix.
Il est de tout son sang comptable à sa patrie,
Chaque goutte épargnée a sa gloire flétrie;
Chaque instant de sa vie, après ce lâche tour,
Met d'autant plus ma honte avec la sienne au jour.
J'en romprai bien le cours; et ma juste colère
Contre un indigne fils usant des droits d'un père,
Saura bien faire voir dans sa punition
L'éclatant désaveu d'une telle action.

SABINE.

Écoutez un peu moins ces ardeurs généreuses,
Et ne nous rendez point tout à fait malheureuses.

LE VIEIL HORACE.

Sabine, votre cœur se console aisément;

Nos malheurs jusqu'ici vous touchent faiblement;
Vous n'avez point encor de part à nos misères,
Le ciel vous a sauvé votre époux et vos frères :
Si nous sommes sujets, c'est de votre pays;
Vos frères sont vainqueurs quand nous sommes trahis;
Et, voyant le haut point où leur gloire se monte,
Vous regardez fort peu ce qui nous vient de honte.
Mais votre trop d'amour pour cet infâme époux
Vous donnera bientôt à plaindre comme à nous.
Vos pleurs en sa faveur sont de faibles défenses.
J'atteste des grands dieux les suprêmes puissances,
Qu'avant ce jour fini, ces mains, ces propres mains
Laveront dans son sang la honte des Romains.

(*Il sort.*)

SCÈNE VII.

JULIE, CAMILLE, SABINE.

SABINE.

* Suivons-le promptement, la colère l'emporte.
* Dieux! verrons-nous toujours des malheurs de la sorte?
* Nous faudra-t-il toujours en craindre de plus grands,
* Et toujours redouter la main de nos parents?

ACTE QUATRIÈME.

SCÈNE PREMIÈRE.

LE VIEIL HORACE, CAMILLE.

LE VIEIL HORACE.

Ne me parlez jamais en faveur d'un infâme;
Qu'il me fuie à l'égal des frères de sa femme ;
Pour conserver un sang qu'il tient si précieux,
Il n'a rien fait encor s'il n'évite mes yeux.
Sabine y peut mettre ordre, ou derechef j'atteste
Le souverain pouvoir de la troupe céleste...

CAMILLE.

Ah! mon père! prenez un plus doux sentiment;
Vous verrez Rome même en user autrement;
Et, de quelque malheur que le ciel l'ait comblée,
Excuser la vertu sous le nombre accablée.

LE VIEIL HORACE.

Le jugement de Rome est peu pour mon regard:
Camille, je suis père, et j'ai mes droits à part.
Je sais trop comme agit la vertu véritable;
C'est sans en triompher que le nombre l'accable;
Et sa mâle vigueur, toujours en même point,
Succombe sous la force, et ne lui cède point.

SCÈNE II.

VALÈRE, LE VIEIL HORACE, CAMILLE.

LE VIEIL HORACE.

Taisez-vous, et sachons ce que nous veut Valère.

VALÈRE.

Envoyé par le roi pour consoler un père,
Et pour lui témoigner...

LE VIEIL HORACE.

N'en prenez aucun soin,
C'est un soulagement dont je n'ai pas besoin ;
Et j'aime mieux voir morts que couverts d'infamie
Ceux que vient de m'ôter une main ennemie.
Tous deux pour leur pays sont morts en gens d'honneur ;
Il me suffit.

VALÈRE.

Mais l'autre est un rare bonheur ;
De tous les trois chez vous il doit tenir la place.

LE VIEIL HORACE.

Que n'a-t-on vu périr en lui le nom d'Horace !

VALÈRE.

Seul vous le maltraitez après ce qu'il a fait.

LE VIEIL HORACE.

C'est à moi seul aussi de punir son forfait.

VALÈRE.

Quel forfait trouvez-vous en sa bonne conduite ?

LE VIEIL HORACE.

Quel éclat de vertu trouvez-vous en sa fuite ?

VALÈRE.

La fuite est glorieuse en cette occasion.

LE VIEIL HORACE.

Vous redoublez ma honte et ma confusion.
Certes l'exemple est rare et digne de mémoire,
De trouver dans la fuite un chemin à la gloire !

VALÈRE.

Quelle confusion, et quelle honte à vous,
D'avoir produit un fils qui nous conserve tous,
Qui fait triompher Rome, et lui gagne un empire!
A quels plus grands honneurs faut-il qu'un père aspire?

LE VIEIL HORACE.

Quels honneurs, quel triomphe, et quel empire enfin,
Lorsque Albe sous ses lois range notre destin?

VALÈRE.

Que parlez-vous ici d'Albe et de sa victoire?
Ignorez-vous encor la moitié de l'histoire?

LE VIEIL HORACE.

Je sais que par sa fuite il a trahi l'État.

VALÈRE.

Oui, s'il eût en fuyant terminé le combat;
Mais on a bientôt vu qu'il ne fuyait qu'en homme
Qui savait ménager l'avantage de Rome.

LE VIEIL HORACE.

Quoi! Rome donc triomphe!

VALÈRE.

Apprenez, apprenez
La valeur de ce fils qu'à tort vous condamnez.
Resté seul contre trois, mais en cette aventure
Tous trois étant blessés, et lui seul sans blessure,
Trop faible pour eux tous, trop fort pour chacun d'eux,
Il sait bien se tirer d'un pas si hasardeux;
Il fuit pour mieux combattre, et cette prompte ruse

Divise adroitement trois frères qu'elle abuse.
Chacun le suit d'un pas ou plus ou moins pressé,
Selon qu'il se rencontre ou plus ou moins blessé ;
Leur ardeur est égale à poursuivre sa fuite,
Mais leurs coups inégaux séparent leur poursuite.
Horace, les voyant l'un de l'autre écartés,
Se retourne, et déjà les croit demi-domptés ;
Il attend le premier, et c'était votre gendre.
L'autre, tout indigné qu'il ait osé l'attendre,
En vain en l'attaquant fait paraître un grand cœur,
Le sang qu'il a perdu ralentit sa vigueur.
Albe à son tour commence à craindre un sort contraire ;
Elle crie au second qu'il secoure son frère ;
Il se hâte et s'épuise en efforts superflus,
Il trouve en le joignant que son frère n'est plus.

CAMILLE.

Hélas !

VALÈRE.

Tout hors d'haleine il prend pourtant sa place,
Et redouble bientôt la victoire d'Horace.
Son courage sans force est un débile appui :
Voulant venger son frère, il tombe auprès de lui.
L'air résonne des cris qu'au ciel chacun envoie :
Albe en jette d'angoisse, et les Romains de joie.
Comme notre héros se voit près d'achever,
C'est peu pour lui de vaincre, il veut encor braver.
« J'en viens d'immoler deux aux mânes de mes frères,
» Rome aura le dernier de mes trois adversaires ;
» C'est à ses intérêts que je vais l'immoler, »
Dit-il ; et tout d'un temps on le voit y voler.
La victoire entre eux deux n'était pas incertaine :
L'Albain, percé de coups, ne se traînait qu'à peine ;
Et, comme une victime aux marches de l'autel,
Il semblait présenter sa gorge au coup mortel ;
Aussi le reçoit-il, peu s'en faut, sans défense,
Et son trépas de Rome établit la puissance.

LE VIEIL HORACE.

O mon fils ! ô ma joie ! ô l'honneur de nos jours !
O d'un Etat penchant l'inespéré secours !
Vertu digne de Rome et sang digne d'Horace !
Appui de ton pays et gloire de ta race !
Quand pourrai-je étouffer dans tes embrassements
L'erreur dont j'ai formé de si faux sentiments?
Quand pourra mon amour baigner avec tendresse
Ton front victorieux de larmes d'allégresse?

VALÈRE.

Vos caresses bientôt pourront se déployer ;
Le roi dans un moment vous le va renvoyer,
Et remet à demain la pompe qu'il prépare
D'un sacrifice aux dieux pour un bonheur si rare.
Aujourd'hui seulement on s'acquitte vers eux
Par des chants de victoire et par de simples vœux :
C'est où le roi le mène, et tandis il m'envoie
Faire office vers vous de douleur et de joie.
Mais cet office encor n'est pas assez pour lui :
Il y viendra lui-même, et peut-être aujourd'hui ;
Il croit mal reconnaître une vertu si pure,
Si de sa propre bouche il ne vous en assure ;
S'il ne vous dit chez vous combien vous doit l'État.

LE VIEIL HORACE.

De tels remercîments ont pour moi trop d'éclat ;
Et je me tiens déjà trop payé par les vôtres
Du service d'un fils et du sang des deux autres.

VALÈRE.

* Le roi ne sait que c'est d'honorer à demi ;
* Et son sceptre arraché des mains de l'ennemi
* Fait qu'il tient cet honneur qu'il lui plaît de vous faire
* Au-dessous du mérite et du fils et du père.
Je vais lui témoigner quels nobles sentiments
La vertu vous inspire en tous vos mouvements,
Et combien vous montrez d'ardeur pour son service.

LE VIEIL HORACE.

Je vous devrai beaucoup pour un si bon office.

SCÈNE III.

LE VIEIL HORACE, CAMILLE.

LE VIEIL HORACE.

Ma fille, il n'est plus temps de répandre des pleurs,
Il sied mal d'en verser où l'on voit tant d'honneurs ·
On pleure injustement des pertes domestiques
Quand on en voit sortir des victoires publiques.
Rome triomphe d'Albe, et c'est assez pour nous;
Tous nos maux à ce prix doivent nous être doux.
En la mort d'un amant vous ne perdez qu'un homme,
Dont la perte est aisée à réparer dans Rome ;
Après cette victoire, il n'est point de Romain
Qui ne soit glorieux de vous donner la main.
Il me faut à Sabine en porter la nouvelle ;
Ce coup sera sans doute assez rude pour elle;
Et ses trois frères morts par la main d'un époux
Lui donneront des pleurs bien plus justes qu'à vous :
Mais j'espère aisément en dissiper l'orage;
Et qu'un peu de prudence, aidant son grand courage,
Fera bientôt régner sur un si noble cœur
Le généreux amour qu'elle doit au vainqueur.
Cependant étouffez cette lâche tristesse
Recevez votre frère avec moins de faiblesse;
Faites-vous voir sa sœur, et qu'en un même flanc
Le ciel vous a tous deux formés du même sang.

SCÈNE IV.

CAMILLE, *seule.*

Oui, je lui ferai voir, par d'infaillibles marques,
Qu'un véritable amour brave la main des Parques,
Et ne prend point de lois de ces cruels tyrans
Qu'un astre injurieux nous donne pour parents.
Tu blâmes ma douleur, tu l'oses nommer lâche;
Je l'aime d'autant plus que plus elle te fâche,
Impitoyable père; et, par un juste effort,
Je la veux rendre égale aux rigueurs de mon sort.
En vit-on jamais un dont les rudes traverses
Prissent en moins de rien tant de faces diverses;
Qui fût doux tant de fois, et tant de fois cruel,
Et portât tant de coups avant le coup mortel?
Vit-on jamais une âme en un jour plus atteinte
De joie et de douleur, d'espérance et de crainte;
Asservie en esclave à plus d'événements,
Et le piteux jouet de plus de changements?
Un oracle m'assure, un songe me travaille;
La paix calme l'effroi que me fait la bataille.
Mon hymen se prépare, et presque en un moment,
Pour combattre mon frère on choisit mon amant.
Ce choix me désespère, et tous le désavouent.
La partie est rompue, et les dieux la renouent.
Rome semble vaincue, et seul des trois Albains
Curiace en mon sang n'a point trempé ses mains.
O dieux! sentais-je alors des douleurs trop légères,
Pour le malheur de Rome, et la mort de deux frères?
Et me flattais-je trop, quand je croyais pouvoir
L'aimer encor sans crime et nourrir quelque espoir?
Sa mort m'en punit bien, et la façon cruelle
Dont mon âme éperdue en reçoit la nouvelle;
Son rival me l'apprend, et faisant à mes yeux

D'un si triste succès le récit odieux
Il porte sur son front une allégresse ouverte,
Que le bonheur public fait bien moins que ma perte ;
Et bâtissant en l'air sur le malheur d'autrui,
Aussi bien que mon frère il triomphe de lui.
Mais ce n'est rien encore au prix de ce qui reste :
On demande ma joie en un jour si funeste.
Il me faut applaudir aux exploits du vainqueur,
Et baiser une main qui me perce le cœur.
En un sujet de pleurs si grand, si légitime,
Se plaindre est une honte, et soupirer un crime.
Leur brutale vertu veut qu'on s'estime heureux ;
Et si l'on n'est barbare, on n'est point généreux.
Dégénérons, mon cœur, d'un si vertueux père ;
Soyons indigne sœur d'un si généreux frère ;
C'est gloire de passer pour un cœur abattu,
Quand la brutalité fait la haute vertu.
Éclatez, mes douleurs ; à quoi bon vous contraindre ?
Quand on a tout perdu, que saurait-on plus craindre ?
Pour ce cruel vainqueur n'ayez point de respect ;
Loin d'éviter ses yeux, croissez à son aspect ;
Offensez sa victoire, irritez sa colère ;
Et prenez, s'il se peut, plaisir à lui déplaire.
Il vient, préparons-nous à montrer constamment
Ce que doit une amante à la mort d'un amant.

SCÈNE V.

CAMILLE, PROCULE, HORACE.

(Procule porte en sa main les trois épées des Curiaces.)

HORACE.

Ma sœur, voici le bras qui venge nos deux frères,
Le bras qui rompt le cours de nos destins contraires,

Qui nous rend maîtres d'Albe ; enfin voici le bras
Qui seul fait aujourd'hui le sort de deux États.
Vois ces marques d'honneur, ces témoins de ma gloire ;
Et rends ce que tu dois à l'heur de ma victoire.

(Procule suspend les épées des Curiaces à la muraille, et sort.)

SCÈNE VI.

CAMILLE, HORACE.

CAMILLE.

Recevez donc mes pleurs, c'est ce que je lui dois.

HORACE.

Rome n'en veut point voir après de tels exploits ;
Et nos deux frères morts dans le malheur des armes
Sont trop payés de sang pour exiger des larmes.
Quand la perte est vengée, on n'a plus rien perdu.

CAMILLE.

Puisqu'ils sont satisfaits par le sang épandu,
Je cesserai pour eux de paraître affligée ;
Et j'oublîrai leur mort que vous avez vengée.
Mais qui me vengera de celle d'un amant,
Pour me faire oublier sa perte en un moment ?

HORACE.

Que dis-tu, malheureuse ?

CAMILLE.

O mon cher Curiace !

HORACE.

O d'une indigne sœur insupportable audace !
D'un ennemi public dont je reviens vainqueur,
Le nom est dans ta bouche et l'amour dans ton cœur ?
Ton ardeur criminelle à la vengeance aspire !
Ta bouche la demande, et ton cœur la respire !

Suis moins ta passion, règle mieux tes désirs,
Ne me fais plus rougir d'entendre tes soupirs ;
Tes flammes désormais doivent être étouffées ;
Bannis-les de ton âme, et songe à mes trophées ;
Qu'ils soient dorénavant ton unique entretien.

CAMILLE.

Donne-moi donc, barbare, un cœur comme le tien ;
Et si tu veux enfin que je t'ouvre mon âme,
Rends-moi mon Curiace, ou laisse agir ma flamme.
Ma joie et mes douleurs dépendaient de son sort ;
Je l'adorais vivant, et je le pleure mort.
Ne cherche plus ta sœur où tu l'avais laissée ;
Tu ne revois en moi qu'une amante offensée,
Qui, comme une furie attachée à tes pas,
Te veut incessamment reprocher son trépas.
Tigre altéré de sang, qui me défends des larmes,
Qui veux que dans sa mort je trouve encor des charmes,
Et que, jusques au ciel élevant tes exploits,
Moi-même je le tue une seconde fois !
Puissent tant de malheurs accompagner ta vie,
Que tu tombes au point de me porter envie ;
Et toi bientôt souiller par quelque lâcheté
Cette gloire si chère à ta brutalité !

HORACE.

O ciel ! qui vit jamais une pareille rage ?
Crois-tu donc que je sois insensible à l'outrage,
Que je souffre en mon sang un mortel déshonneur ?
Aime, aime cette mort qui fait notre bonheur,
Et préfère du moins au souvenir d'un homme
Ce que doit ta naissance aux intérêts de Rome.

CAMILLE.

Rome, l'unique objet de mon ressentiment !
Rome, à qui vient ton bras d'immoler mon amant !
Rome, qui t'a vu naître, et que ton cœur adore !
Rome enfin que je hais, parce qu'elle t'honore !
Puissent tous ses voisins, ensemble conjurés,

Saper ses fondements encor mal assurés ;
Et si ce n'est assez de toute l'Italie,
Que l'Orient contre elle à l'Occident s'allie ;
Que cent peuples unis des bouts de l'univers
Passent pour la détruire et les monts et les mers ;
Qu'elle-même sur soi renverse ses murailles
Et de ses propres mains déchire ses entrailles !
Que le courroux du ciel, allumé par mes vœux,
Fasse pleuvoir sur elle un déluge de feux !
Puissé-je de mes yeux y voir tomber ce foudre,
Voir ses maisons en cendre et tes lauriers en poudre,
Voir le dernier Romain à son dernier soupir,
Moi seule en être cause et mourir de plaisir !

HORACE, *mettant l'épée à la main et poursuivant sa sœur, qui s'enfuit.*

C'est trop, ma passion à la raison fait place.
Va dedans les enfers plaindre ton Curiace !

CAMILLE, *blessée, dans la coulisse.*

Ah ! traître !

SCÈNE VII.

HORACE, *seul.*

Ainsi reçoive un châtiment soudain
Quiconque ose pleurer un ennemi romain ;
Et puisse de nos yeux à l'instant disparaître
Quiconque ose abhorrer les lieux qui l'ont vu naître.
Qu'on ne m'accuse point d'une injuste rigueur ;
Je ne la connais plus désormais pour ma sœur ;
Mon père ne peut plus l'avouer pour sa fille :
Qui maudit son pays renonce à sa famille ;
Et ce souhait impie, encore qu'impuissant,
Est un monstre qu'il faut étouffer en naissant.

SCÈNE VIII.

HORACE, SABINE.

SABINE.

A quoi s'arrête ici ton illustre colère?
Viens voir mourir ta sœur dans les bras de ton père :
Viens repaître tes yeux d'un spectacle si doux :
Ou, si tu n'es point las de ces généreux coups,
Immole au cher pays des vertueux Horaces
Ce reste malheureux du sang des Curiaces ;
Si prodigue du tien, n'épargne pas le leur ;
Joins Sabine à Camille, et ta femme à ta sœur.
Nos crimes sont pareils, ainsi que nos misères ;
Je soupire comme elle, et déplore mes frères;
Plus coupable en ce point contre tes dures lois,
Qu'elle n'en pleurait qu'un, et que j'en pleure trois;
Qu'après son châtiment ma faute continue.

HORACE.

Sèche tes pleurs, Sabine, ou les cache à ma vue ;
Rends-toi digne du nom de ma chaste moitié,
Et ne m'accable point d'une indigne pitié.
Si l'absolu pouvoir d'une pudique flamme
Ne nous laisse à tous deux qu'un penser et qu'une âme,
C'est à toi d'élever tes sentiments aux miens,
Non à moi de descendre à la honte des tiens.
Je t'aime et je connais la douleur qui te presse;
Embrasse ma vertu pour vaincre ta faiblesse;
Participe à ma gloire au lieu de la souiller ;
Tâche à t'en revêtir, non à m'en dépouiller.
Es-tu de mon honneur si mortelle ennemie,
Que je te plaise mieux couvert d'une infamie?
Sois plus femme que sœur, et, te réglant sur moi,
Fais-toi de mon exemple une immuable loi.

SABINE.

Cherche pour t'imiter des âmes plus parfaites.
Je ne t'impute point les pertes que j'ai faites ;
J'en ai les sentiments que je dois en avoir ;
Et je m'en prends au sort plutôt qu'à ton devoir.
Mais enfin je renonce à la vertu romaine,
Si pour la posséder je dois être inhumaine,
Et ne puis voir en moi la femme du vainqueur,
Sans y voir des vaincus la déplorable sœur.
Prenons part en public aux victoires publiques,
Pleurons dans la maison nos malheurs domestiques ;
Et ne regardons point des biens communs à tous,
Quand nous voyons des maux qui ne sont que pour nous.
Pourquoi veux-tu, cruel, agir d'une autre sorte?
Laisse en entrant ici tes lauriers à la porte,
Mêle tes pleurs aux miens. Quoi! ces lâches discours
N'arment point ta vertu contre mes tristes jours?
Mon crime redoublé n'émeut point ta colère ?
Que Camille est heureuse ! Elle a pu te déplaire ;
Elle a reçu de toi ce qu'elle a prétendu,
Et recouvre là-bas tout ce qu'elle a perdu.
Cher époux, cher auteur du tourment qui me presse,
Écoute la pitié, si la colère cesse ;
Exerce l'un sur l'autre après de tels malheurs,
A punir ma faiblesse, ou finir mes douleurs.
Je demande la mort pour grâce ou pour supplice ;
Qu'elle soit un effet d'amour ou de justice,
Nimporte, tous ses traits n'auront rien que de doux,
Si je les vois partir de la main d'un époux.

HORACE.

Quelle injustice aux dieux d'abandonner aux femmes
Un empire si grand sur les plus belles âmes,
Et de se plaire à voir de si faibles vainqueurs
Régner si puissamment sur les plus nobles cœurs !
A quel point ma vertu devient-elle réduite !
Rien ne la saurait plus garantir que la fuite.
Adieu. Ne me suis point, ou retiens tes soupirs.

(*Il sort.*)

SCÈNE IX.

SABINE, *seule.*

O colère, ô pitié, sourdes à mes désirs !
Vous négligez mon crime, et ma douleur vous lasse,
Et je n'obtiens de vous ni supplice ni grâce.
Allons-y par nos pleurs faire un dernier effort,
Et n'employons après que nous à notre mort.

ACTE CINQUIÈME.*

SCÈNE PREMIÈRE.

LE VIEIL HORACE, HORACE.

LE VIEIL HORACE.

Retirons nos regards de cet objet funeste,
Pour admirer ici le jugement céleste.
Quand la gloire nous enfle, il sait bien comme il faut
Confondre notre orgueil qui s'élève trop haut.
Nos plaisirs les plus doux ne vont point sans tristesse;
Il mêle à nos vertus des marques de faiblesse,
Et rarement accorde à notre ambition
L'entier et pur honneur d'une bonne action.
Je ne plains point Camille, elle était criminelle;
Je me tiens plus à plaindre, et je te plains plus qu'elle :
Moi d'avoir mis au jour un cœur si peu romain,
Toi, d'avoir par sa mort déshonoré ta main.
Je ne la trouve point injuste ni trop prompte,
Mais tu pouvais, mon fils, t'en épargner la honte.
Son crime, quoique énorme et digne de trépas,
Était mieux impuni que puni par ton bras.

HORACE.

Disposez de mon sang, les lois vous en font maître;

* Le cinquième acte est ordinairement supprimé à la représentation.

J'ai cru devoir le sien aux dieux qui m'ont vu naître.
Si dans vos sentiments mon zèle est criminel,
S'il m'en faut recevoir un reproche éternel,
Si ma main en devient honteuse et profanée,
Vous pouvez d'un seul mot trancher ma destinée.
Reprenez tout ce sang de qui ma lâcheté
A si brutalement souillé la pureté.
Ma main n'a pu souffrir de crime en votre race,
Ne souffrez point de tache en la maison d'Horace.
C'est en ces actions que l'honneur est blessé,
Qu'un père tel que vous se montre intéressé ;
Son amour doit se taire ou toute excuse est nulle ;
Lui-même il y prend part lorsqu'il les dissimule;
Et de sa propre gloire il fait trop peu de cas,
Quand il ne punit point ce qu'il n'approuve pas.

LE VIEIL HORACE.

Il n'use pas toujours d'une rigueur extrême;
Il épargne ses fils bien souvent pour soi-même ;
Sa vieillesse sur eux aime à se soutenir,
Et ne les punit point de peur de se punir.
Je te vois d'un autre œil que tu ne te regardes.
Je sais... Mais le roi vient, je vois entrer ses gardes.

SCÈNE II.

VALÈRE, TULLE, LE VIEIL HORACE, HORACE, TROUPE DE GARDES.

LE VIEIL HORACE.

Ah ! sire, un tel honneur a trop d'excès pour moi ;
Ce n'est point en ce lieu que je dois voir mon roi.
Permettez qu'à genoux...

TULLE.

Non, levez-vous, Horace.

Je fais ce que tout autre aurait fait à ma place.
* Un si rare service, et si fort important,
Veut l'honneur le plus rare et le plus éclatant.

(*Montrant Valère.*)

* Vous en aviez déjà sa parole pour gage ;
* Je ne l'ai pas voulu différer davantage,
* J'ai su par son rapport, et je n'en doutais pas,
* Comme de vos deux fils vous portez le trépas.
* Et que déjà votre âme étant trop résolue,
* Ma consolation vous serait superflue.
Mais je viens de savoir quel étrange malheur
D'un fils victorieux a suivi la valeur ;
Et que son trop d'amour pour la cause publique
Par ses mains à son père ôte une fille unique.
Ce coup est un peu rude à l'esprit le plus fort ;
Et je doute comment vous portez cette mort.

LE VIEIL HORACE.

Sire, avec déplaisir, mais avec patience.

TULLE.

C'est l'effet vertueux de votre expérience.
Beaucoup par un long âge ont appris comme vous
Que le malheur succède au bonheur le plus doux ;
Peu savent comme vous s'appliquer ce remède,
Et dans leur intérêt toute leur vertu cède.
Si vous pouvez trouver dans ma compassion
Quelque soulagement pour votre affliction,
Ainsi que votre mal sachez qu'elle est extrême,
Et que je vous en plains autant que je vous aime.

(*On avance un siége à Tulle, il s'assied.*)

VALÈRE.

Sire, puisque le ciel entre les mains des rois
Dépose sa justice et la force des lois,
Et que l'Etat demande aux princes légitimes
Des prix pour les vertus, des peines pour les crimes,
Souffrez qu'un bon sujet vous fasse souvenir
Que vous plaignez beaucoup ce qu'il vous faut punir.
Souffrez...

LE VIEIL HORACE.

Quoi? qu'on envoie un vainqueur au supplice?

TULLE.

Permettez qu'il achève, et je ferai justice :
J'aime à la rendre à tous, à toute heure, en tout lieu ;
C'est par elle qu'un roi se fait un demi-dieu ;
Et c'est dont je vous plains, qu'après un tel service
On puisse contre lui me demander justice.

VALÈRE.

Souffrez donc, ô grand roi, le plus juste des rois,
Que tous les gens de bien vous parlent par ma voix :
Non que nos cœurs jaloux de ses honneurs s'irritent,
S'il en reçoit beaucoup, ses hauts faits le méritent ;
Ajoutez-y plutôt que d'en diminuer ;
Nous sommes tous encor prêts d'y contribuer ;
Mais puisque d'un tel crime il s'est montré capable,
Qu'il triomphe en vainqueur et périsse en coupable.
Arrêtez sa fureur et sauvez de ses mains,
Si vous voulez régner, le reste des Romains ;
Il y va de la perte ou du salut du reste.
La guerre avait un cours si sanglant, si funeste,
Et les nœuds de l'hymen, durant nos bons destins,
Ont tant de fois uni des peuples si voisins,
Qu'il est peu de Romains que le parti contraire
N'intéresse en la mort d'un gendre ou d'un beau-frère,
Et qui ne soient forcés de donner quelques pleurs,
Dans le bonheur public, à leurs propres malheurs.
Si c'est offenser Rome, et que l'heur de ses armes
L'autorise à punir ce crime de nos larmes,
Quel sang épargnera ce barbare vainqueur,
Qui ne pardonne pas à celui de sa sœur,
Et ne peut excuser cette douleur pressante
Que la mort d'un amant jette au cœur d'une amante,
Quand, près d'être éclairés du nuptial flambeau,
Elle voit avec lui son espoir au tombeau?
Faisant triompher Rome, il se l'est asservie :
Il a sur nous un droit et de mort et de vie ;

Et nos jours criminels ne pourront plus durer
Qu'autant qu'à sa clémence il plaira l'endurer.
Je pourrais ajouter aux intérêts de Rome,
Combien un pareil coup est indigne d'un homme ;
Je pourrais demander qu'on mît devant vos yeux
Ce grand et rare exploit d'un bras victorieux.
* Vous verriez un beau sang, pour accuser sa rage,
* D'un frère si cruel rejaillir au visage ;
* Vous verriez des horreurs qu'on ne peut concevoir :
* Son âge et sa beauté vous pourraient émouvoir.
Mais je hais ces moyens qui sentent l'artifice.
Vous avez à demain remis le sacrifice;
Pensez-vous que les dieux, vengeurs des innocents,
D'une main parricide acceptent de l'encens ?
Sur vous ce sacrilége attirerait sa peine;
Ne le considérez qu'en objet de leur haine ;
Et croyez avec nous qu'en tous ces trois combats,
Le bon destin de Rome a plus fait que son bras;
Puisque ces mêmes dieux, auteurs de sa victoire,
Ont permis qu'aussitôt il en souillât la gloire ;
Et qu'un si grand courage, après ce noble effort,
Fût digne en même jour de triomphe et de mort.
Sire, c'est ce qu'il faut que votre arrêt décide,
En ce lieu Rome a vu le premier parricide;
La suite en est à craindre, et la haine des cieux.
Sauvez-nous de sa main, et redoutez les dieux.

TULLE.

Défendez-vous, Horace.

HORACE.

A quoi bon me défendre?
Vous savez l'action, vous la venez d'entendre ;
Ce que vous en croyez me doit être une loi.
Sire, on se défend mal contre l'avis d'un roi ;
Et le plus innocent devient souvent coupable,
Quand aux yeux de son prince il paraît condamnable :
C'est crime qu'envers lui de vouloir s'excuser,
Notre sang est son bien, il en peut disposer,

Et c'est à nous de croire, alors qu'il en dispose,
Qu'il ne s'en prive point sans une juste cause.
Sire, prononcez donc, je suis prêt d'obéir !
D'autres aiment la vie, et je la dois haïr.
Je ne reproche point à l'ardeur de Valère,
Qu'en amant de la sœur il accuse le frère :
Mes vœux avec les siens conspirent aujourd'hui ;
Il demande ma mort, je la veux comme lui.
Un seul point entre nous met cette différence,
Que mon bonheur par là cherche son assurance ;
Et qu'à ce même but nous voulons arriver,
Lui, pour flétrir ma gloire, et moi, pour la sauver.
Sire, c'est rarement qu'il s'offre une matière
A montrer d'un grand cœur la vertu tout entière ;
Suivant l'occasion, elle agit plus ou moins,
Et paraît forte ou faible aux yeux de ses témoins.
Le peuple, qui voit tout seulement par l'écorce,
S'attache à son effet pour juger de sa force :
Il veut que ses dehors gardent un même cours,
Qu'ayant fait un miracle, elle en fasse toujours.
Après une action pleine, haute, éclatante,
Tout ce qui brille moins remplit mal son attente :
Il veut qu'on soit égal, en tout temps, en tous lieux ;
Il n'examine point si lors on pouvait mieux,
Ni que, s'il ne voit pas sans cesse une merveille,
L'occasion est moindre et la vertu pareille.
Son injustice accable et détruit les grands noms ;
L'honneur des premiers faits se perd par les seconds ;
Et quand la renommée a passé l'ordinaire,
Si l'on n'en veut déchoir, il ne faut plus rien faire.
Je ne vanterai point les exploits de mon bras ;
Votre majesté, sire, a vu mes trois combats ;
Il est bien malaisé qu'un pareil les seconde,
Qu'une autre occasion à celle-ci réponde,
Et que tout mon courage, après de si grands coups,
Parvienne à des succès qui n'aillent au-dessous ;
Si bien que pour laisser une illustre mémoire,
La mort seule aujourd'hui peut conserver ma gloire ;
Encor la fallait-il sitôt que j'eus vaincu,

Puisque pour mon honneur j'ai déjà trop vécu.
Un homme tel que moi voit sa gloire ternie
Quand il tombe en péril de quelque ignominie;
Et ma main aurait su déjà m'en garantir,
Mais sans votre congé mon sang n'ose sortir;
Comme il vous appartient, votre aveu doit se prendre;
C'est vous le dérober qu'autrement le répandre.
Rome ne manque point de généreux guerriers,
Assez d'autres sans moi soutiendront vos lauriers;
Que votre majesté désormais m'en dispense,
Et si ce que j'ai fait vaut quelque récompense,
Permettez, ô grand roi, que de ce bras vainqueur
Je m'immole à ma gloire, et non pas à ma sœur.

LE VIEIL HORACE.

Sire, c'est donc à moi de répondre à Valère,
Puisqu'un fils avec lui conspire contre un père.
Puisqu'ils veulent me perdre, et s'arment sans raison
Contre si peu de sang qui reste en ma maison.
Contre un si grand guerrier Valère en vain s'anime;
Un premier mouvement ne fut jamais un crime;
Et la louange est due au lieu du châtiment,
Quand la vertu produit ce premier mouvement.
Aimer nos ennemis avec idolâtrie,
De rage en leur trépas maudire la patrie,
Souhaiter à l'État un malheur infini,
C'est ce qu'on nomme crime, et ce qu'il a puni.
Le seul amour de Rome a sa main animée;
Il serait innocent, s'il l'avait moins aimée.
Qu'ai-je dit, sire? il l'est, et ce bras paternel
L'aurait déjà puni, s'il était criminel;
J'aurais su mieux user de l'entière puissance
Que me donnent sur lui les droits de la naissance.
J'aime trop l'honneur, sire, et ne suis point de rang
A souffrir ni d'affront, ni de crime en mon sang.
C'est ce dont je ne veux pour témoin que Valère;
Il a vu quel accueil lui gardait ma colère,
Lorsqu'ignorant encor la moitié du combat,
Je croyais que sa fuite avait trahi l'État.

Qui le fait se charger des soins de ma famille?
Qui le fait malgré moi vouloir venger ma fille?
Et par quelle raison, dans son juste trépas,
Prend-il un intérêt qu'un père ne prend pas?
On craint qu'après sa sœur il n'en maltraite d'autres!
Sire, nous n'avons part qu'à la honte des nôtres;
Et de quelque façon qu'un autre puisse agir,
Qui ne nous touche point ne nous fait point rougir.

(A Valère.)

Tu peux pleurer, Valère, et même aux yeux d'Horace;
Il ne prend intérêt qu'aux crimes de sa race;
Qui n'est point de son sang ne peut faire d'affront
Aux lauriers immortels qui lui ceignent le front.
Lauriers, sacrés rameaux qu'on veut réduire en poudre,
Vous qui mettez sa tête à couvert de la foudre,
L'abandonnerez-vous à l'infâme couteau
Qui fait choir les méchants sous la main d'un bourreau?
Romains, souffrirez-vous qu'on vous immole un homme
Sans qui Rome aujourd'hui cesserait d'être Rome?
Et qu'un Romain s'efforce à tacher le renom
D'un guerrier à qui tous doivent un si beau nom?
Dis, Valère, dis-nous, si tu veux qu'il périsse,
Où tu penses choisir un lieu pour son supplice?
Sera-ce entre ces murs que mille et mille voix
Font résonner encor du bruit de ses exploits?
Sera-ce hors des murs, au milieu de ces places
Qu'on voit fumer encor du sang des Curiaces;
Entre leurs trois tombeaux, et dans ce champ d'honneur
Témoin de sa vaillance et de notre bonheur?
Tu ne saurais cacher sa peine à sa victoire;
Dans les murs, hors des murs, tout parle de sa gloire,
Tout s'oppose à l'effort de ton injuste amour,
Qui veut d'un si beau sang souiller un si beau jour.
Albe ne pourra pas souffrir un tel spectacle,
Et Rome par ses pleurs y mettra trop d'obstacle.
Vous les préviendrez, sire, et par un juste arrêt
Vous saurez embrasser bien mieux son intérêt.
Ce qu'il a fait pour elle, il peut encor le faire:
Il peut la garantir encor d'un sort contraire.

Sire, ne donnez rien à mes débiles ans.
Rome aujourd'hui m'a vu père de quatre enfants ;
Trois en ce même jour sont morts pour sa querelle ;
Il m'en reste encore un, conservez-le pour elle.
N'ôtez pas à ces murs un si puissant appui ;
Et souffrez pour finir que je m'adresse à lui.
Horace, ne crois pas que le peuple stupide
Soit le maître absolu d'un renom bien solide.
Sa voix tumultueuse assez souvent fait bruit,
Mais un moment l'élève, un moment le détruit ;
Et ce qui contribue à notre renommée,
Toujours en moins de rien se dissipe en fumée.
C'est aux rois, c'est aux grands, c'est aux esprits bien faits,
A voir la vertu pleine en ses moindres effets ;
C'est d'eux seuls qu'on reçoit la véritable gloire,
Eux seuls des vrais héros assurent la mémoire.
Vis toujours en Horace, et toujours auprès d'eux
Ton nom demeurera grand, illustre, fameux,
Bien que l'occasion, moins haute ou moins brillante,
D'un vulgaire ignorant trompe l'injuste attente.
Ne hais donc plus la vie, et du moins vis pour moi,
Et pour servir encor ton pays et ton roi.
Sire, j'en ai trop dit ; mais l'affaire vous touche,
Et Rome tout entière a parlé par ma bouche.

VALÈRE.

Sire, permettez-moi...

TULLE *se lève, on retire le siége.*

Valère, c'est assez,
Vos discours par les leurs ne sont pas effacés :
J'en garde en mon esprit les forces plus pressantes ;
Et toutes vos raisons me sont encor présentes.
Cette énorme action faite presque à nos yeux
Outrage la nature, et blesse jusqu'aux dieux.
* Un premier mouvement qui produit un tel crime,
* Ne saurait lui servir d'excuse légitime ;
* Les moins sévères lois en ce point sont d'accord ;
* Et si nous les suivons, il est digne de mort.

Si d'ailleurs nous voulons regarder le coupable,
Ce crime, quoique grand, énorme, inexcusable,
Vient de la même épée, et part du même bras
Qui me fait aujourd'hui maître de deux États.
Deux sceptres en ma main, Albe à Rome asservie,
Parlent bien hautement en faveur de sa vie.
Sans lui j'obéirais où je donne la loi,
Et je serais sujet où je suis deux fois roi.
Assez de bons sujets dans toutes les provinces
Par des vœux impuissants s'acquittent envers leurs princes;
Tous les peuvent aimer, mais tous ne peuvent pas
Par d'illustres effets assurer leurs États;
Et l'art et le pouvoir d'affermir des couronnes
Sont des dons que le ciel fait à peu des personnes;
De pareils serviteurs sont les forces des rois;
Et de pareils aussi sont au-dessus des lois.
Qu'elles se taisent donc, que Rome dissimule
Ce que dès sa naissance elle vit en Romule;
Elle peut bien souffrir en son libérateur
Ce qu'elle a bien souffert en son premier auteur.
Vis donc, Horace, vis, guerrier trop magnanime,
Ta vertu met ta gloire au-dessus de ton crime :
Sa chaleur généreuse a produit ton forfait;
D'une cause si belle il faut souffrir l'effet.
Vis pour servir l'État, vis, mais aime Valère;
Qu'il ne reste entre vous ni haine ni colère;
Et, soit qu'il ait suivi l'amour ou le devoir,
Sans nul ressentiment résous-toi de le voir.
Et pour Camille enfin, puisque le même zèle
Achève le destin de son amant et d'elle,
Je veux qu'un même jour témoin de leurs deux morts,
Dans un même tombeau voie enfermer leurs corps.

FIN.

Poissy. — Typographie Arbieu.

Chez les mêmes Éditeurs.

BIBLIOTHÈQUE CONTEMPORAINE

Format in-18 Anglais.

1re Série à 2 francs le volume.

		vol.
Alex. Dumas.	Le Vicomte de Bragelonne.	6
—	Mémoires d'un Médecin (Balsamo).	5
—	Les Quarante-Cinq. . .	3
—	Le C. de Monte-Cristo.	6
—	Le Capitaine Paul. . .	1
—	Le Chev. d'Harmental.	2
—	Les Trois Mousquet. .	2
—	Vingt ans après. . . .	3
—	La reine Margot. . . .	2
—	La Dame de Monsoreau.	3
—	Jacques Ortis.	1
—	Le Chev. de M.-Rouge.	1
—	Georges.	1
—	Fernande.	1
—	Pauline et Pascal Bruno.	1
—	Souvenirs d'Antony. .	1
—	Sylvandire.	1
—	Le Maître d'Armes. . .	1
—	Une Fille du Régent. .	1
—	La Guerre des Femmes.	2
—	Isabel de Bavière. . .	2
—	Amaury.	1
—	Cécile.	1
—	Les Frères Corses. . .	1
—	Impressions de Voyage :	
—	— Suisse. . .	3
—	— Le Corricolo.	2
—	— Midi de la France. .	2
—	Le Collier de la Reine (sous presse). . . .	3
—	Souvenirs Dramatiques. (»)	2
—	Théâtre nouveau. (»)	2
—	Ascanio. (»)	2
E. de Girardin.	Études politiques (nouvelle édition). . .	1
—	Questions administratives et financières. .	1
—	Le Pour et le Contre. .	1
—	Bon Sens, bonne Foi. .	1
—	Le Droit au Travail au Luxembourg et à l'Assemblée nation., avec une introduction. .	2
Paul Féval.	Le Fils du Diable. . .	4
—	Les Myst. de Londres.	3
—	Les Amours de Paris. .	2
Michel Masson.	Les Contes de l'Atelier.	2

		vol.
Louis Reybaud.	Jérôme Paturot à la recherche de la meilleure des Républiques.	4
Jules Sandeau.	Catherine.	1
—	Nouvelles.	1
—	Un Roman (sous presse). . .	1
Alphonse Karr.	Un Roman.	2
—	Récits sur la Plage (sous presse).	2
Jules Janin.	Un Roman nouv. (s. presse).	2
Eugène Sue.	Les Sept Péchés capitaux :	
—	l'Orgueil.	2
—	l'Envie, la Colère. . . .	2
—	la Luxure, la Paresse . .	1
—	la Gourmandise, l'Avarice.	1
Ém. Souvestre.	Un Philosophe sous les toits.	1
—	Confessions d'un ouvrier. .	1
—	Derniers Paysans (s. presse).	2
Champfleury.	Contes.	1
Fréd. Soulié.	Le Veau d'Or (s. presse). .	4
F. Lamennais.	De la Société première. .	1
L.-P. d'Orléans, ex-roi des Franç.	Mon Journal. Événements de 1815.	2
L. Vitet.	Les États d'Orléans. — Scènes historiques.	1
Bab.-Laridière.	Histoire de l'Assemblée nationale constituante. . .	2
Eugène Scribe.	Un Roman (sous presse). .	1
Émile Thomas.	Hist. des Atel. nationaux.	1
Ernest Alby.	Histoire des Prisonniers français en Afrique. . .	2
Albert Aubert.	Les Illusions de jeunesse. .	1

2e Série à 3 francs le volume.

		vol.
Lamartine.	Trois Mois au Pouvoir. . .	1
Georges Sand.	La Petite Fadette.	1
Ponsard.	Œuvres compl. (s. presse).	1
Oct Feuillet.	Scènes et Proverb. (»). .	1
D'Haussonville.	Histoire de la politique extérieure du gouvernement français, 1830-1848, avec notes, documents, pièces justificatives, entièrement inédits.	2
Henry Murger.	Scènes de la Bohême. . .	1
—	Scènes de la Vie de jeunesse.	1
—	Le Pays latin (sous presse).	1
Henri Blaze.	Écrivains et Poëtes de l'Allemagne.	1

POISSY. — TYPOGRAPHIE ARBIEU.

www.ingramcontent.com/pod-product-compliance
Ingram Content Group UK Ltd.
Pitfield, Milton Keynes, MK11 3LW, UK
UKHW031946260826
14628UKWH00004B/1888

9 782329 16875